一場極為安詳的死亡

Une
mort très douce

西蒙·德·波娃

Simone
de Beauvoir

周桂音——譯

推薦序

給我妹妹的畫像：波娃素描母親生前二十八天

——張亦絢

敘述從一九六三年十月某日開始。波娃人在羅馬，住巴黎的母親跌了一跤。從書名我們會知道，紀事終點，毫不令人驚奇的，將是母親的死亡。然而，我們還是止不住地驚奇——在最後的日子裡，發生了那麼多事，那麼多變化，還有，當然還有，是波娃在這份書寫中，呈現的剔透與力道。如同相信此生堅不流出——但終究最忍不住的一滴，奪眶而出的淚珠。

如果波娃今天還在世，她已經超過一百一十歲。當她在四十歲出頭時出版《第二性》時，較為眾所周知的七〇年代女性主義風潮尚未成形。波娃本人先是以作家出道，同時以與沙特同居但拒絕婚姻的反叛形象成為二十世紀的一種迷因，既為人津津樂道，也身歷如同「醜聞女王」的性別歧視與（好／壞）名聲地位。莒哈斯過七十才拿到的文學大獎龔古爾，波娃是在四十六歲時掄下。

投入女性主義，波娃遠非在血氣方剛時開始，而是在初老之期才變得老當益壯。其中，還有被年輕女性主義者牽成的因素在。換言之，她的思想建樹早於她的女性主義者自我定位。（間隔約二十年）我一向認為這是一個把才女資本累積轉浥注女性集體賦權的有趣例子。不了解她與文學的深厚淵源，以及與女性主義遲來的約會，對波娃與女性主義的理解都會略略失之片面——文學與女性主義，這兩股力量好似兩個波浪，一前一後，互相追趕也彼此推助——而《一場極為安詳的死亡》（臺灣偶譯為《寧靜而死》），可以說，就是了解雙浪「行行重行行」的極佳入口。

在與死神踢球的這一役，我們都屬必敗一隊。雖然必敗，我們照踢不誤，並且還關心延長或加賽——這部紀事就像一場現場轉播，令我們目不轉睛。我一口氣讀完了它，覺得張力彷彿懸疑小說，纏綿有如情書一疊——儘管死者往往等於喪失獨特，死亡的過程卻各有個性。

簡單地說，這是最容易使人意會波娃如何以哲學立足進行書寫的典範。

哲學的最低限度，就是不依據既定習慣或規定做出反應與陳述——我於是知道我為什麼把這些文字比喻為賽事轉播了，因為即使最後的輸贏確定，我們卻不能預知過程中，每時每刻的最新發展——波娃不斷將自己開放給未知，讀者因而一再接到衝擊。事物（病情）是未知，反應（母親）是未知，各種感受更是未知——波娃寫母親住院：

她要我們拉起遮住窗戶的窗簾，並看著窗外閃著金光的樹葉說：「好美，如果是在我家的話，我就看不到這風景了！」她面露微笑。我和妹妹心中浮現同樣的念頭：我們重新尋回了小時候照亮我們童年的那道微笑，她年輕時的燦爛微笑。從那時到現在的這些年之間，那微笑消失去哪了？

這不是書中唯一精彩絕倫的「燦爛微笑」：在此書寫的波娃是

絕對柔情與嚴厲的。柔情，所以不但捕捉得到母親可愛的詩情，還記得多年以前的微笑；嚴厲，所以並不以為這足夠，並不以為一瞬的美好足以勾銷一生的磨難。她不妥協——許多人都會對母親與死亡妥協，但她不。

一種女兒特有的清醒與貪心（有理）——痛惜母親所受的限制，無論限制是來自早年的缺愛、婚姻的不公，或是養成順從個性的這個社會——她都想對視尖叫。

但在波娃的書寫裡，是聽不到尖叫的——不是因為她把它們掩蓋了，而是她用變化多端的樂聲，包圍了那個「無聲的尖叫」——而正因尖叫被賦予了矛盾的無聲特質，尖叫也就無法消滅。

這本書是傾盡感情與技巧，自由與責任的藝術。

無論男孩女孩，都有掙脫母親獨立的課題。在波娃的例子裡，決裂的因素還包括不信神的女兒與虔誠母親的分立。波娃也特別思索了，懷有信仰的母親，為何無法免於對死亡的恐懼。而在不放棄無神論立場同時，波娃並不吝於忠實記錄作為養出無神論女兒母親的驚懼與苦惱，甚至在為病痛到無法祈禱的母親辯護時，在在流露出她對信仰的深刻認識。她仍然身體力行了「對不同意之人的真誠愛」。五十多年前，癌症痛楚或病人自主等議題不若今日公開，波娃的若干觀察，想必仍是當時禁忌。書中寫到對病人隱瞞癌症病情一節等，也有賴醫療文化的專家，加以歷史回顧。

自照相發明後，Post-Morten（死者照）曾在某些地區蔚為流行，也啟發了藝術領域。不同於遺照，死者照是「生後照」，固然會將死者裝束一如生者，但銘記的是「此人已死」。小孩、偉人與藝術家，是我在這個主題中看到最多的。為了解決死者與生者的異同，也發展了不同風格（例如擺了各種姿勢，但我沒看到讓死者睜眼或站立的）。這本書多少也可放入「死者照」的技巧類型中比較。波娃母親不是小孩、偉人或藝術家，但「普通的年長女人之死」，其實帶出了更多面向的思考。

波娃將這本書題獻給她妹妹。是因為母親傷害妹妹更多（因為母親早年認同長女而貶低次女）？因為妹妹與母親更加緊密（妹妹將因母逝失落更多）？因為另一種「長姐如母」？

答案或許不那麼重要。波娃在晚年接受採訪時自我責備，說自己已不夠有意識披露她與其他女人的親密與深度連結（應該也包括了她本人的同性戀情），認為年輕一代會因為此傳承的缺損而受苦——她的自我責備或許有理，或許根本沒有——畢竟，她留下了這本《一場極為安詳的死亡》。

本文作者為作家

導讀

不要溫馴地走入永夜

——林雅萍

一九六四年，西蒙・波娃於母親逝後不久，寫下《一場極為安詳的死亡》，這部非常個人且親密的記事，回望母親臨終前六週的時日，呈現了兩個女兒陪伴母親走向死亡的過程。這本書無疑是波娃最好的作品之一，迄今卻未得到相應的注意與討論。這場真誠深情的悼念讓我們得以重新理解波娃對於愛與關係、病痛與受苦、決定的艱難、失去與哀傷，以及對於死亡的反思。

無論在《第二性》或是早期的幾部回憶錄與自傳當中，波娃總帶著哲學家冷然疏離的觀察眼光，犀利剖白女人的處境、母親的形象，以及母女關係的緊張。我有時會想，如果波娃深知女人與母親都是被製造出來的，那麼她是否也能夠對這些因為壓抑而扭曲的自我多一點寬容。還好我們在《一場極為安詳的死亡》裡感受到波娃的揪心，即使這是女兒直至陪伴母親臨終，隨著逐漸衰老與消逝的頹敗肉身所活出來的醒覺。

許多女性作家都書寫過母女之間的難解情結，在自我貶抑的社會處境中，母親對女兒的愛往往矛盾無能。在波娃的回憶裡，情感與慾望熾烈的母親總以對女兒們的掌控，代償在婚姻裡被壓制的自我。波娃終生追求自由獨立，批判中產階級的婚姻體制與母職的綑綁，她是如何看待自己的母親？

在本書一開始，波娃悠遊在羅馬、莫斯科、布拉格，以城市與城市之間的距離隔開彼此生活，逃逸於母親的控制之外。但惡化的病程將波娃的開闊世界圈限至母親身邊，囚於病房一隅：「世界縮減成為她那間病房的容積。……我真正的人生是在她身邊上演。」過去移動不羈，總有餘裕安排以月度量的長途旅行變成計算母親最後光景的每時每分。遠行與歸返演出了向來深邃費解的母女關係，曾經彼此為難，既要拉開又想靠近，既愛且畏（「我很怕你」），捨得與捨不得。

這場臨終照顧讓母女再次親密，令波娃從自由獨立的女人回返與母親連結的孩提歲月。波娃不再選擇逃離，而是與母親共融相倚——「我將媽媽的唇貼在我的臉頰上，下意識地模仿它的動作」，波娃打破獨立個體的界限，生命終於走到一起，女兒說著母親的話。

然而，疾病來得太快。在病人無權發聲的年代，醫生的不斷催逼，波娃與妹妹陷入必須為母親抉擇的難題與掙扎。姐妹們很清楚，手術或許能夠拉長母親的活，但也拖延她的苦，無奈死亡必是永恆的離去，就算可以多活一刻，總是令人心安。掙扎與矛盾的不只是手術與否，更有隨之而來在死亡與受苦間的擺盪。只得任由親情所滋長出的某種執著牽起兩端，讓母親的肉身流連其中。姐妹們只能給予母親虛假的希望求生，賭著「死亡與酷刑之間的競賽」哪一方會勝出。

但給予希望的背叛仍是背叛：

就算死亡搶先獲勝，這騙局是多麼可憎啊！媽媽以為我們站在她那邊，但我們在她這個故事中，早已站到她的對面。我是個無所不知的狡猾守護神，我早已知曉牌底答案，而媽媽依舊遠遠地在尋常人類的孤寂之中苦苦搏鬥。她為了康復而做出的頑強努力、她的耐心、她的勇氣，全都被矇騙了。

即使決定動了手術，在母親死後，「別讓她開刀」這句話還是一直縈繞在波娃腦中，她不停懊悔自己為什麼不阻止，無論是敗給社會道德還是專業傲慢，為什麼讓母親受苦？就算母親無痛死去，也總還是想著，為什麼欺瞞母親，讓母親懷抱著康復的希望在孤寂中努力。

當人們在課堂上冷靜談論病情告知與臨終決定的醫學倫理，殊不知這些從來不是抽離的理性思慮就能促成，而是浸泡在捨得與捨不得，對生命的執念、對死亡與未知的恐懼，被病情的無常變化逼著、推著、催促著，不得不做的選擇。每一次的死都是第一次，每一次的告別都是最後一次。

哀傷並不會隨著離去而停止。「當摯愛的人逝去時，倖存便是一種罪過，我們因這罪過而傷痛萬分、無盡悔恨。」波娃感嘆對母親生前關心太少，臨終時又保護太多。所有的作為好像都是辜負。陪伴在臨終病榻旁，最重要的究竟是什麼？到底要怎麼做才能不後悔？

對母親死亡的歉疚似乎有某種共通性。一如蘇珊．桑塔格的獨子大衛．里夫（David Rieff）在《泅泳於死亡之海》中不停嘆息，「我們這些愛她的人都辜負了她，就像生者永遠辜負垂死者一樣。」我們永遠無法在親人死亡後不帶著愧疚繼續生活，永遠懊悔著自己還可以多做，或少做點什麼。

面臨死亡，我們期待什麼樣的應對？相較於奶奶與父親都平靜接受死亡，波娃說道：「媽媽和我一樣熱愛生命，她在死亡面前流露的，是和我一樣的反叛之心。」但其實我們並沒有在波娃母親的臨終場景看見那種用盡所有治療手段與死神搏鬥的驚心動魄，更沒有讀到什麼活出精彩人生的勵志口號。所以這是一種什麼樣的反叛？而這種反叛究竟是來自於生之欲或是死之畏（Angst），又或其他？

若如海德格所言，每個人都必須正面迎接、誠實面對那場永遠只屬於自己的死，才能尋回自我的本真。嚴格說來，在眾人的聯手欺瞞下，波娃母親不知死之將至，更未意識到自己這一次會死。這是一場母女共謀逃避死亡的自欺（mauvaise fois）嗎？而我們能夠在謊言中真誠向死嗎？我們如何在謊言中真誠向死？

又或者我們可以有另一種讀法。討論波娃母親是否知道自己將死的真相，根本不是重要的問題。無論如何，她是真真切切經受著肉身的衰頹，而又選擇在每況愈下的身體挫敗中重新關注自我。母親面對的生死不在於理性認知，而是來自身體經驗的立即性。日漸衰微失控的肉身迫使她重新度量自我的需求與價值，那個從前在婚姻與母職中失落的自我。這也幫助我們回答，為何相較於對父親過世的漠然，母親的死會為波娃帶來無比的哀慟。看著曾經讓女兒幼年依戀、青春期反感的身體轉變成老朽的遺骸，最終，還是母親受苦的肉身決定了女兒的情感。波娃在這場記事中所呈現的「即身倫理」（embodied ethics），讓母女在每一個病痛的身體刻度中共同以綿密的關懷與照料相互接納，在肉身中反叛死亡。

對波娃而言，死亡不是生命的一部分，而是對生存價值的奪取與覆滅，死亡永遠是「一種不合理的暴力」。那麼是什麼使波娃母親的死亡得以安詳？反之，人子又為何感嘆：「我母親（桑塔格）死得一點都不安詳。」（《泅泳於死亡之海》）

無論身體再怎麼衰敗，母親都想活。波娃在《論老年》重提母親對死帶有一種「動物性的畏懼」，但卻「緊緊攀附著生命直到她最後一口氣」，直到臨終前都懷抱對生命的懸念。相較於伊凡伊里奇（Ivan Ilych）失去親友的關心，只能在忠僕格拉西姆（Gerasim）身上尋得一點安慰，波娃母親在女兒們真實的愛與付出中受到體貼善待，縱使過程是場充滿謊言的背叛。與其像頑強抵抗死亡的桑塔格一直活在死亡之中，姐妹們選擇讓母親在死前都活著。因此，「她的死亡極為安詳，那是唯有幸運兒才能擁有的死法。」唯一遺憾的是，這場欺瞞儘管使得母親擁有「病榻上的某種幸福」，但她們始終未能真正優雅道別：

媽媽臥病在床這段期間，我們不曾離開她的身邊，但她以為這段臨終歲月是她的康復期，於是她和我們徹徹底底分離了。

這本書關於一個母親與兩個女兒，也是關於愛、受苦與死亡的深思。從生到死、開放到禁閉、獨立自主到相依相倚，從象徵秩序到想像秩序，波娃不只是在盡一份女兒照顧母親的責任。選擇書寫母親的死，這個行動本身即在肯認另一位女性的實存，具有女性主義的重要意涵。正如波娃描繪神父在彌撒說出母親的名字「佛蘭索瓦．波娃」時使母親復活，刺痛姐妹們的心。

術後三十天，波娃選擇記錄的不是母親生命的消逝，而是描繪病榻上的活。對比早年抹消自我，屈從於社會規範與宗教意識型態，走向死亡的母親不再溫馴，即使屈辱，縱然徒勞，肉身的自由與主體性仍能以存在主義式的反叛綻出。

本文作者為國立臺灣大學哲學博士、現任國立陽明交通大學醫學系公共衛生暨醫學人文學科副教授

原版簡介

西蒙·波娃在她筆下的數本回憶錄中傾盡全力來使我們認識她的人生、她的著作。自一九五八年至一九七二年之間出版的有四部作品：《一個乖女孩的回憶錄》（*Mémoires d'une jeune fille rangée*）、《歲月的力量》（*La force de l'âge*）、《物質的力量》（*La force des choses*）以及《一切都說了，一切都做了》（*Tout compte fait*），除了這四本回憶錄之外，還要加上一本記事：一九六四年發表的《一場極為安詳的死亡》（*Une mort très douce*）。這場自傳寫作的規模如此龐大，它的必要性與意義來自這位作家極為重要的一項矛盾：生活的幸福、寫作的必要，在這兩者之間做出抉擇，對她而言總是一件不可能的事。前者是日常瑣碎的繽紛光彩，後者是救贖人心的嚴謹之道。將她自身的人生化為寫作的主題，就某方面來說，是跳脫這場兩難的方式。

西蒙．波娃於一九〇八年一月九日生於巴黎。她在天主教會學校 Cours Désir 就讀至高中畢業。一九二九年取得哲學教師資格之後，她在馬賽、盧昂與巴黎教書，直至一九四三年。《當事物的靈魂先來》（*Quand prime le spirituel*）在一九三九年戰爭爆發之前便早已完稿，但直到一九七九年才付梓。一九四三年發表的《女賓》（*L'invitée*，譯按：又譯《女客》）可視為她第一部真正的文學作品，接下來陸續出版的有一九四五年的《他人的血》（*Le sang des autres*）、一九四六年的《人皆有一死》（*Tous les hommes sont mortels*）、獲頒一九五四年龔古爾文學獎的《名士風流》（*Les mandarins*）、一九六六年的《美麗的畫面》（*Les belles images*）與一九六八年的《破碎的女人》（*La femme rompue*）。

著名的《第二性》（*Deuxième sexe*）出版於一九四九年，成為全世界婦女解放運動的指標性著作。除了《第二性》之外，西蒙・波娃的理論著述包括許多哲學論述與爭議性著作，譬如一九五五年的《特權》（*Privilèges*）（後來於思想文庫書系〔*la collection «Idées»*〕重新發行時，以書中第一篇文章的篇名作為再版書名《我們要不要燒掉薩德？》〔*Faut-il brûler Sade?*〕），以及一九七〇年的《論老年》（*La vieillesse*）。她的戲劇作品有一九四五年的劇本《沒用的傢伙》（*Les bouches inutiles*），此外，在一九四八年的《西蒙・波娃的美國紀行》（*L'Amérique au jour le jour*）與一九五七年的《長征》（*La Longue Marche*）則是她的旅行遊記。

沙特辭世之後，波娃於一九八一年以及一九八三年分別出版了《再見沙特》（*La cérémonie des adieux*）與《寄語海狸》（*Lettres au Castor*）[1]，後者收錄了她和沙特諸多信件當中的一部分。直到她於一九八六年四月十四日辭世之前，她都積極參與編輯她和沙特共同創辦的《現代》（*Les Temps modernes* 譯按：又譯《摩登時代》）雜誌，並以各種形式、不計其數的方式全面支持女性主義。

1 譯註：本書為沙特所著，由波娃出版。

獻給我的妹妹

不要靜靜走入長夜
老年應當燃燒怒火，憤怒白日之衰亡
狂怒，因光之逝去而狂怒

——狄蘭・湯瑪斯（Dylan Thomas）

一九六三年十月二十四日星期四，下午四點，我在羅馬，在彌涅耳瓦旅館的房間裡。隔天我便將搭機返家，正在整理文件，此時電話響了。鮑斯[2]從巴黎打過來說：「您母親出了一場意外。」我心想：她被車撞了。她千辛萬苦拄著拐杖從馬路爬上人行道，一臺車撞倒了她。「她在浴室跌倒，摔斷了她的股骨頸。」鮑斯說。鮑斯和我母親住在同一棟公寓裡。昨夜大約十點，鮑斯和歐嘉上樓

2 譯註：賈克—羅宏・鮑斯（Jacques-Laurent Bost, 1916-1990），法國作家、劇作家、記者、譯者。又譯博斯、博斯特。

時，發現樓梯上有三個人走在他們前面：一名女士、兩名警員。那名女士說：「事發地點在三樓半的地方。」「波娃太太發生了什麼事嗎？」「是的，她摔倒了。」她在地板上爬行兩小時才爬到電話那兒，撥給她的朋友塔迪厄太太，請塔迪厄太太找人來撞開大門。鮑斯和歐嘉跟著他們進入公寓。他們發現媽媽倒在地上，身上穿著她的紅色燈芯絨睡袍。住在同一棟樓的拉克魯瓦大夫看過之後，她做出的診斷是股骨頸骨折，媽媽被送至布奇科（Boucicaut）醫院的急診部，在多人共用的大病房中度過一夜。「但我將她帶去C診所，」鮑斯告訴我，「B醫生在那裡執業，他是最優秀的骨科外科醫生之一。她反對這樣做，怕花費您太多錢，但我最後還是說服她了。」

可憐的媽媽！五週前，我剛從莫斯科回來時，曾和她共進午餐，她的氣色很差，和平常一樣。曾有那麼一段時間，人們會奉承她，說從她的外表看不出真實歲數，那還是沒多久之前的事，但現在已經沒有人會看錯了：她就是七十八歲，衰老疲憊。她的髖關節毛病在二次大戰後發作，之後便一年一年持續惡化，按摩治療與艾克斯萊班[3]的溫泉療養都未能緩解，一小排房子她得花一小時才能繞一圈。她很不舒服。她睡得很糟，儘管她每天吞六顆阿斯匹靈。這兩三年來，尤其是打從去年冬天起，我總見她皺著鼻子，眼圈發青、雙頰凹陷。她的醫生D醫師說，不是什麼嚴重的病，只不過是消化遲緩與肝臟方面的問題。他開給她一些成藥，還有治便祕的羅望子果醬。和她見面那天，我並不訝異她覺得「不舒服」，但令我

---

3 編註：Aix-les-Bains，法國東部城市，靠近瑞士、義大利邊界，因阿爾卑斯山的泉水，成為著名的水療中心。

難過的是，她度過了一個糟糕透頂的夏天。她其實可以找間旅館或提供寄膳宿服務的修道院，去鄉下度假，但每年我的表姐妹讓娜都會邀她去梅里尼亞克[4]，而我住在沙拉克貝爾蓋姆[5]的妹妹也都會邀她過去，她以為今年也一樣。今年，讓娜和妹妹都有事忙不過來，媽媽便一個人待在空無一人、下著雨的巴黎。「從來不曾憂鬱的我，這次憂鬱了。」她這樣對我說。幸好在我和她見面之後不久，妹妹邀她去阿爾薩斯[6]住了兩週。現在她的朋友都在巴黎，我也回來了，如果她沒有骨折的話，我見到的她，一定已經恢復活力。她的心臟狀況絕佳，血壓和年輕人一樣，我從來不曾想過，她

---

4 編註：Meyrignac，法國西南部科雷茲省（Corrèze）的一個小鎮。

5 編註：Scharrachbergen，法國東部下萊茵省（Bas-Rhin）的一個小鎮。

6 編註：Région Alsace，法國東部大區，東部以萊茵河為界，西部則有弗日山脈綿延，為著名葡萄酒產區。

會突然發生像這樣的意外。
大約六點時，我打電話去診所找她，告訴她我即將回巴黎，我會去探望她。她回話的聲音語帶遲疑。B醫師接過電話說，他週六早上會為她開刀。
「你丟下我兩週，毫無音信！」她在我靠近她的病床時這樣說。我反駁道：「我們有見面，我有從羅馬寫信給你。」她聽我說話時，顯得非常懷疑。她的額頭與雙手發燙，嘴巴有點歪曲，說話相當吃力。她腦子裡彷彿有一團迷霧。這是意外造成的打擊嗎？抑或其實相反，是一場小中風導致她跌倒的呢？她一直都有面部抽搐的毛病。（不，並非一直都有，但已經很久了。那是什麼時候開始的呢？）她不斷眨眼、挑眉、皺額，我去探望她的期間，這些躁動的小動作沒停過一刻。再度闔上眼睛時，她那光滑而凸起的眼瞼完全覆蓋了她的雙眼。助理J醫生來了，他說，沒有必要動手術，因為大腿骨並未移位，只需要休息三個月，骨折便會癒合。媽媽看來鬆了口氣，她開始語無倫次地向我們講起她爬到電話旁費了多大一番努力、她是多麼焦慮、鮑斯和歐嘉又是多麼好心。她被送到布奇科醫院時只穿著一件睡袍，沒有任何行李。隔天歐嘉帶了一些盥洗用具、古龍水和和一件漂亮的白色羊毛編織披肩來給她。她向歐嘉道謝時，歐嘉說：「哎呀，這是出自我對您的喜愛。」媽媽重複了好幾次：「她對我說：『這是出自我對您的喜愛。』」她的神情恍若做夢，充滿感動之情。

「她是如此羞愧自己打擾了我們，而我們為她所做的一切，她又是如此激動地表示感謝，她真是讓我心碎。」當晚，歐嘉這樣告訴我。歐嘉亦憤慨地對我提起D醫師。D醫師因他們請了拉克魯瓦大夫來幫忙診斷而很不高興，週四那天他拒絕到布奇科醫院看媽媽。「我和他講了二十多分鐘的電話，」歐嘉說，「經過這樣的打擊，在醫院度過一夜之後，您的母親應該會需要平常習慣的醫生來鼓勵她。他卻一點都聽不進去。」鮑斯並不認為媽媽的狀況是中風，他扶她起來時，她雖有些迷惘，但意識很清楚。然而，鮑斯很懷疑她只需三個月便能完全康復：股骨頸骨折本身雖不嚴重，但對老人家來說，久躺不動會造成無法痊癒的褥瘡，而躺臥的姿勢會造成肺部負擔，病人的胸腔會發炎，最後可能因此喪命。聽見這番話，我心中並未掀起太大的波濤。我母親儘管衰弱，但她是很健壯的。再說，她終究已經是風燭殘年了。

鮑斯也通知了妹妹，我和她講了很久的電話。「我就知道會發生這種事！」她這樣說。在阿爾薩斯的時候，她覺得媽媽是如此老邁、如此衰弱，她甚至告訴李奧[7]：「媽媽撐不過這個冬天了。」一天夜裡，媽媽腹部劇痛如絞，幾乎要找人送她去醫院。然而，到了早上，她就復原沒事了。當他們開車送她回家時，據她所說，媽媽對這趟阿爾薩斯之行感到「歡欣、雀躍」，又恢復了她原有的精力，以及快活的好心情。但是到了十月中，大約在骨折之前的十天左右，法蘭馨．迪亞托[8]打電話告訴妹妹：「我剛才在您母親那兒和她共進午餐，我覺得她的狀況很不好，想提醒您注意一下。」妹妹立刻找了個藉口來到巴黎，帶媽媽去找一名放射科醫生做檢查。看過X光影像之後，媽媽的醫生斬釘截鐵地說：「沒有必要擔心。腸道中長了一個囊腫，造成排泄困難。另外，您的母親吃得太少，

7 譯註：Lionel de Roulet（1910-1990），波娃的妹夫，曾是沙特的學生。
8 譯註：Francine Diato，藝術家亞伯．迪亞托（Albert Diato）的妻子。

可能會導致營養素不足，但她的情形並不危險。」醫生建議媽媽吃好一點，並開了一些可以增強體力的新藥給她。「儘管如此，我還是很擔心，」娃兒[9]對我說，「我拜託媽媽請一名夜間看護，但她從來不肯：她受不了有個陌生人睡在家裡。」我跟娃兒商量好，兩週後當我啟程前往布拉格時，就換她過來巴黎。

到了隔天，媽媽的嘴唇依舊歪曲變形，說話時的咬字含糊不清；她的眼瞼緩緩遮蔽她的眼睛，眉毛不時跳動。她二十年前曾因騎自行車跌倒而摔斷過的右臂，復原狀況不甚理想，而左臂在這次意外中受了傷，如今她只能稍微勉強擺動雙臂。幸好，這裡的人以一種無微不至的關懷來照顧她。她的房間面向花園，遠離喧囂的街

9 譯註：Poupette為法文中用來稱呼小女孩的常見小名，西蒙·波娃如此稱呼妹妹海倫·波娃（Hélène de Beauvoir）。海倫·波娃是一名畫家，生於一九一〇年，卒於二〇〇一年。

道。她的病床被搬到一面與窗戶平行的牆邊，讓固定在牆上的電話位於她伸手可及之處。她的上半身倚在一些抱枕上，姿勢近乎坐姿，而非完全平躺，如此一來，她的肺部便不會過度勞累。她的充氣床墊連接一臺機器，會自行震動並按摩她的身體，因此可以避免褥瘡。每天早上，一名物理治療師都會前來協助她鍛鍊雙腿。鮑斯曾經提及的危險，如今似乎得以避免。媽媽以帶著睏意的聲音告訴我，一名工作人員會為她把盤中的肉切好，並協助她進食。這裡的餐點非常美味，而在布奇科醫院時，他們端上來的食物是法式豬血腸佐蘋果！「豬血腸！他們給病人吃豬血腸！」她說話的方式比前一天流利多了。她反覆訴說那充滿焦慮的兩個小時，她在地上匍匐前進，不知道自己是否能夠成功抓到電話線，並將電話拉到身邊。

「有一天，我對同樣是一個人獨居的瑪匈太太說：『幸好有電話。』而她回答我：『還得要有辦法碰到電話才行。』」最後這句話，媽媽用箴言般的口吻重複了好幾次之後，她又說：「如果我沒能碰到那臺電話的話，我就完了。」

她是否曾大聲呼喊，好試著讓別人聽見？不，應該沒有。我能想像她的困境。她是虔誠的天主教徒，然而，儘管她年事已高，儘管她衰弱且身體不適，她仍舊頑固地眷戀人世，對死亡抱持著一種本能的恐懼。她對妹妹說過一個她經常夢見的夢魘：「有人在我身後追趕，我拚命跑、拚命跑，碰上一堵牆，我非得跳過這堵牆不可，但我不知道牆後有什麼，我好怕，」她還對她說：「死亡本身並不讓我害怕，我害怕的是要跳過去。」當她在地板上爬行時，她以為跳過去的時候到了。我問她：「你跌倒時應該很痛吧？」「不。我不記得。我甚至不痛。」所以她當時曾經暈厥——我這樣想著。她記得自己曾經感到一陣暈眩。她還說，幾天前，服用了那些新藥的其中一種之後，她覺得雙腿發軟，差點來不及躺上她用來睡覺的那張貴妃椅。我滿腹懷疑看著那些藥瓶，那是她要我們的小表妹瑪瑟．貢德涅從她家裡帶東西過來時順便一起拿來的。她堅持繼續吃這些藥，這樣好嗎？

一天將近尾聲時，B教授過來探視她，我隨著他來到走廊。他說，等我母親復原之後，走起路來並不會比以前困難，「她可以重新回去過她的小日子。」他是否認為她曾經昏厥？關於這點他毫無想法。當我告知他母親的腸道消化問題時，他顯得困惑。布奇科醫院指出的是股骨頸骨折的問題，他只關注這一點。他會請一位家醫科的醫師來做相關檢查。

「你走起路來會和以前一模一樣，」我對媽媽說，「你就能回到原本的生活了。」「啊！我永遠不會再踏進那間公寓一步。我再也不要看見那戶公寓了。永遠不要。拿這世上什麼東西來交換我都不肯！」

那戶公寓，她曾是如此引以為傲！她嫌惡雷恩路（rue de Rennes）上的舊公寓，我父親漸漸年邁之後變得憂鬱，那戶公寓四處都是他那壞心情所遺留下來的痕跡。他過世後（我外婆亦在不久之後過世），媽媽想擺脫關於他的回憶。好些年前，媽媽有個朋友搬進一處原本是畫室的挑高空間居住，這種充滿現代感的住所讓媽媽讚嘆不已。基於一些我們都知曉的原因，一九四二年是很容易找到住處的[10]。於是她得以實現她的夢想：她在布洛梅特街（rue

---

10　譯註：意指猶太人留下的許多空屋。

Blomet）上租了一戶有內嵌式陽臺的大套房。她賣掉了發黑的梨木書桌、亨利二世風格的飯廳家具、她結婚時的新床、平臺鋼琴，其他家具她都留著，還將紅色的舊地毯裁下一角留著。她在牆上掛了妹妹的畫作，在房間裡擺了一張貴妃椅。從此她便踩著輕盈的腳步，在夾層樓梯上上下下。事實上，我並不覺得這是個非常怡人的地方，它位於三樓，儘管有著大扇玻璃窗，照進屋內的陽光卻很黯淡。樓中樓的上層是房間、廚房、浴室，這裡總是很陰暗。自從每踏一步階梯都會讓她開始疼得呻吟之後，她總待在屋內的上半層。過了二十年後，屋內的牆壁、家具、毯子、一切一切都骯髒破舊。一九六〇年，當這幢建築易主，媽媽以為自己可能會被趕出去時，她曾經考慮搬進老人之家，卻沒找到中意的地方。接下來，她對這處屬於自己的小天地產生了感情，得知新房東沒有權力將她趕出這裡之後，她便繼續留在布洛梅特街。然而，事到如今，她的朋友和我將著手尋覓一間舒適怡人的養老院，等她一痊癒便能搬進去住。「你再也不會回布洛梅特街去住了，我向你保證。」我這樣告訴她。

星期日，她的雙眼依舊半睜半闔，記憶昏昏沉沉，字句彷彿黏糊糊的水珠從她嘴裡滴落下來。她再度向我述說一遍她的「受難記」。儘管如此，有件事使她感到欣慰，就是她被轉送至這間診所，儘管她其實高估了這間診所的好處。「如果是在布奇科醫院的話，我昨天已經被他們開刀了！而這邊，聽說這裡是全巴黎最好的診所。」對她來說，讚賞的喜悅若未加上批評，便顯得不夠完整，於是她講起附近的另一間醫院：「這裡比G診所好多了。聽說G診所一點都不好！」

「我已經好久沒睡得這麼好了。」星期一，她這樣對我說。她的臉孔回復了正常的樣貌，講話很清楚，雙目有神。她的記憶恢復了條理。「我們得送花給拉克魯瓦大夫謝謝她。」我向她保證我會處理。「還有兩名警員呢？是不是該給他們一些什麼？我打擾了他們。」我難以勸她打消念頭。她將身子撐在抱枕上，看著我的雙眼，果斷地說：「你看，我做得太過頭，讓自己太疲累了。我把自己逼到了極限。先前，我不願承認自己老了。但人總要懂得面對現實：再過幾天，我就七十八歲了，這是個很大的歲數，因此我必須好好規劃。我要展開新的篇章。」

我萬分敬佩地端詳著她。長久以來，她頑固地堅持相信自己還年輕。有天，她的女婿說了一句不得體的話，她生氣地回道：「我知道我老了，這對我來說是很不愉快的，我不希望別人來提醒我這件事。」在迷霧當中漂浮三天之後，七十八歲的她清醒過來，並突然找到了面對自己歲數的勇氣，清楚明白、意志堅決。「我要展開人生的新一章。」

我父親過世後，她憑著驚人的勇氣，重新開始了新的人生篇章。父親的死讓她哀慟至極，但她並未深陷於過去之中。她好好把握這份重新尋獲的自由，來為自己重新建立一份符合她喜好的生活。爸爸沒有遺留財產給她，而她當時五十四歲。她通過一些考試，做了一些實習，取得了一張證照，使她能在紅十字會的組織中擔任圖書館員助理。她再度學會騎單車，將它當做上班的交通工具。戰爭結束後，她的計畫是在家裡從事縫紉工作。這時我已有能力供養她，但她並不適合無所事事的生活。她終於能夠隨心所欲地過日子，這是她所熱望的，她找了許多事來做。她在巴黎近郊一間防痨療養院的圖書館擔任義工，負責管理圖書館。接下來，則是她住家附近一個天主教團體的圖書館。她喜歡搬運書籍、製作護書套、分類、拿取書目資料卡、給予讀者建議。她學習德語和義大利語，並勤加溫習她的英語。她在教會的縫紉部做針線活，參與義賣，並常去聽演講。她交了許多新朋友，也和一些因為我父親鬱鬱寡歡而疏遠了的親戚與舊朋友重新取得聯絡。她興高采烈邀他們在她的住處聚會。旅行是她最執著的渴望之一，這願望終於得以滿足。她一步一步與導致她雙腿僵直的關節僵硬症奮戰。她去維也納、去米蘭拜訪妹妹。夏天，她在佛羅倫斯與羅馬的街上碎步急行。她參觀了比利時與荷蘭的美術館。近年由於行動不便，她放棄雲遊四海。然而，當她的友人與親戚們邀她去鄉下或是外省時，什麼都阻擋不了她，她會毫不猶豫請查票員幫忙，要他協助她攀上火車。乘坐汽車是她最開心的時刻，她的侄孫女凱薩琳最近剛載她去梅里尼亞克，夜裡駕著雪鐵龍2CV行駛了超過四百五十公里。下車時，她像朵花一樣精神飽滿。

她的生命力使我讚賞不已，我非常敬佩她的勇敢。然而，為什麼她一旦再度開口說話，說出來的話卻讓我毛骨悚然？提起她在布奇科醫院度過的那一夜時，她說：「你也知道那些平民女子是什麼樣子：她們總是嘰哩咕嚕不停抱怨。」「大醫院裡，那些護士只是為了錢工作，所以……」這些句子只是基於習慣說出的，像呼吸一樣機械化，但仍舊是她在神智清醒之下說出的話。聽她說出這類話語，我無法不感到困窘。在她肉體受苦的這項事實與她腦子裡填滿的廢言之間，兩者的對比使我感到哀傷。

物理治療師走近床邊，放下床單，握住媽媽的左小腿。她的睡衣敞開，毫不在意地露出佈滿皺摺與細紋的肚腹，以及無毛的恥骨。「我已經一點都不害羞了。」她面露驚訝說道。「你這樣很好。」我說。但我還是轉過身去，凝望庭園。看見我母親的性器官，我很震撼。對我而言，這具身軀既是最無關緊要的身軀，亦是最意義重大的身軀。孩提歲月的我依戀著她的軀體，而青春期的我感受到的，則是一種憂慮不安的反感。這是很常見的狀況。我覺得這很正常，她的身體保留了令人反感而又聖潔的雙重特質——也就是一種禁忌。然而，我還是訝異不已，我心中那股反感竟然如此劇烈。我母親那毫無掛慮的允諾，使得這股反感更加強烈。她放下了禁制，拋棄了一輩子壓迫她的命令。我是讚揚這件事的，但她的身體在這場放棄行動之下，驟然被簡化為只不過是一具身體，與遺骸幾無二致。她那無防備的骨架被觸摸著，被專業人士的雙手擺佈，軀殼中的生命彷彿只因一種愚痴的慣性而繼續延長。對我而言，母親一直都活著，我從未認真想過，有一天，不久後，我會看著她消逝在我眼前。她人生的終點就像她的誕生一樣，位於一種神祕的時間帶。當我告訴自己「她終究已經是風燭殘年」時，那只是一句沒有意義的話語，如同無數字句。有生以來第一次，我在她身上意識到一具延緩執行死刑的遺體。

隔天早上，我去採買媽媽的新睡衣。護士要求睡衣要短，否則布料會在臀部下方形成皺摺，造成褥瘡。「您要找短睡衣？是娃娃裝性感睡衣嗎？」店員這樣問我。我撫摸這些衣物，和它們的名稱一樣輕浮淺薄，色彩粉嫩，輕飄飄的，是為了青春而歡愉的肉體所製造的衣物。那是個美好秋日，藍天清朗，我行走的卻是色澤如鉛的沉重世界。此時我領悟到，母親這場意外對我造成的打擊，比我原先料想的還要重大許多。我並不十分清楚為什麼。這起事件將母親從她的框架抽離出來，讓她脫離了她的角色與既定形象，長期以來，我都將她禁錮在這既定形象之中。臥病在床的她並非陌生人，但她如今在我心中引起的憐憫，以及某種混亂不安，卻是我未曾體驗的陌生情感。最後，我決定買幾件飾有白色小圓點的粉紅色「七分長」睡衣。

負責監看媽媽的整體健康狀況的T醫師進病房看她，當時我也在。「聽說您吃得太少了？」「今年夏天我很鬱悶，我沒有力氣進食。」「您不想下廚嗎？」「我的意思是，我為自己煮了一些好吃的家常料理，接下來，卻沒有吃。」「啊！這樣的話，就不是怠惰的問題了。您為自己煮了好吃的家常料理？」媽媽認真起來：「有一次，我做了乳酪舒芙蕾，但是吃了兩湯匙後，就不吃了。」「我懂了。」醫生以一種紆尊降貴的恩賜態度笑著說。

J醫師、B教授、T醫師。衣服穿得筆挺整齊，頭髮洗得乾乾淨淨，臉也擦得清潔體面，他們以非常高傲的姿態，俯身看著這名頭髮凌亂、有點驚慌的老女人。這些了不起的男士們。我認得出這類沒有意義的傲慢：那是刑事法庭的法官們面對一名賭上頭顱的被告時的傲慢。「您為自己煮好吃的家常料理？」當媽媽對醫師抱持信任，以滿腔誠意思索她的回答時，沒人有理由可以笑她，她賭上的是她的健康。而B教授又憑什麼對我說「她可以重新回去過她的**小日子**」？我拒絕同意他的衡量標準。當我母親轉述這名菁英說過的話時，我氣極了。但我全心支持臥病在床的母親，她正全力奮戰，要將這使她動彈不得的病況與死亡推得遠遠的。

反之，我對護士們抱持著好感。她們的繁重勞動非常親近病人，因此與病患建立了一份連結。她們那令人厭惡的工作內容是病人的恥辱，但她們對病人展現的關懷，至少表面上是很友善的。年輕美麗又十足專業的物理治療師羅紅小姐，很懂得如何鼓勵媽媽、給她信心、讓媽媽平靜下來，而羅紅小姐從未擺出高高在上的姿態。

「我們明天會對您的胃做X光檢查。」T醫師做出結論。媽媽焦躁起來：「所以您要我吞下這藥物，這藥真是太討厭了。」「不至於這麼討厭吧！」「噢！是真的！」和我獨處時，她哀嘆道：「你不知道那有多難下嚥！那味道太可怕了！」「不要現在就去想它。」但她除此之外什麼都無法去想。自從住進這間診所之後，食物就是她最掛慮的事。但她這孩子氣的憂慮，讓我深感訝異。許多疼痛與身體不適，她都面不改色地忍受下來。她如此恐懼這使她反感的藥物，背後是否隱藏了另一份更加深層的擔憂？當下，我不去思考這件事。

隔天，我得知媽媽的胃部與肺部X光檢查順利結束，沒有異常之處。媽媽的面容顯得心平氣和，身上穿著粉紅色白點睡衣，披著歐嘉借她的羊毛編織披肩，頭髮紮成一束粗粗的辮子，她看來已經絲毫沒有病容了。她的左臂重新恢復功能，如今她翻閱報紙、閱讀書籍、接電話都不須請人幫忙。星期三。星期四。星期五。星期六。她玩著填字遊戲，閱讀一本關於《戀愛中的伏爾泰》[11]的書，也讀尚．德．樂希[12]遠行巴西的遊記。她閱讀《費加洛報》（*Le*

11 譯註：英國作家南西．米特福德（Nancy Mitford, 1904-1973）於一九五七年出版的傳記，原書名為 *Voltaire in Love*，法文版書名 *Voltaire amoureux*。法文版出版於一九五九年。

12 譯註：Jean de Léry（1536-1613），法國作家、探險家。

Figaro）與《法蘭西晚報》（*France-Soir*）。我每天早上過來探望她，只待一兩個小時，她並不希望我待更久。她有許多訪客，有時她甚至抱怨：「我今天見太多人了。」病房裡擺滿了花：仙客來、杜鵑花、玫瑰、銀蓮花。她的床頭桌上堆滿了一盒又一盒的法式水果軟糖、巧克力、水果香糖。我問她：「你會無聊嗎？」「噢！不會！」有人為她上菜、護理、梳洗，她這才發覺這有多麼愉快。住院之前，她必須費盡力氣倚賴一張矮凳來跨過她的浴缸盆緣，她得忍受一番有如體操鍛鍊般勞累而痛苦的努力，才能夠穿上襪子。而現在每天早晚都有護士為她抹古龍水，並灑上滑石粉。她的三餐都有人用托盤端來給她。「有個護士真讓我生氣，」她對我說，「她問我打算什麼時候出院。但我不想出院。」當她被告知自己不久之後便能起身坐上輪椅，他們會將她轉至一間病後休養中心，她變得

很憂鬱：「我要被帶走了，我要被趕走了。」然而，有些時候，她又對自己未來的規劃顯得很感興趣。她有個朋友對她提起幾間距巴黎一小時車程的養老院。「誰都不會去那裡看我，我會孤零零的！」她以悲慘的神情說。我向她保證她不需要離開巴黎，並給她看了我蒐集的養老院名單。她很樂意想像自己在納伊市[13]一間養老機構的庭園裡，在陽光下閱讀、編織。她以略帶遺憾卻又戲謔的口吻對我說：「我家附近那些人再也看不到我，一定會覺得遺憾。圈子裡的太太們一定會想念我。」有一次，她向我宣告：「我的人生已經為別人付出太多了。現在我要像那些自私的老太太一樣，只為了自己而活。」她很擔心一件事：「我將會失去自行盥洗的能

13 譯註：Neuilly-sur-Seine，鄰近巴黎香榭大道的近郊高級住宅區，地鐵可達。

力。」我說會有護士或看護負責這件事，這句話讓她安心下來。這段期間，她心情愉悅地躺在這張「全巴黎最好的診所，比G診所好多了的診所」的病床上。醫療團隊細心照護著她，除了X光檢查之外，也做了數次抽血檢查——一切都很正常。晚上，她有點發燒，我想知道原因，但護士似乎認為這件事一點都不重要。

「昨天我見了太多人，他們讓我好累。」星期日，她這樣對我說。她心情不好。平常負責照顧她的護士們今天不在，一名新手打翻了裝滿尿液的「腰子盤」，床被弄溼，連長枕都溼了。她經常闔上雙眼，記憶變得混亂。T醫師難以判讀D醫師交給他的X光畫面，他們明天得再照一次腸道X光：「他們要用硫酸鋇來給我灌腸——那真是太痛了！」媽媽對我說，「而且他們又要搖晃我，把我搬來搬去，我多希望他們別來煩我！」我握住她微溼的手，她的手有點冰涼：「現在先別去想。不要焦慮，焦慮對你只有壞處。」漸漸地，她再度平靜下來，但她看來比前一天脆弱多了。她的朋友們打電話過來時，由我接聽。「哇！」我對她說，「不斷有人打給你，連英國女王都不會比你更受寵愛：這些花、這些信、這些糖果、這些電話！好多人都掛念著你！」我執起她那疲倦的手。她依舊閉著雙眼，但那悲傷的雙唇沁出了一絲微笑：「大家喜歡我，是因為我的性格很快活。」

星期一會有很多人來探望她，而我有事要忙。直到星期二早上，我才再度來到醫院。推開房門時，我當場楞住了。媽媽是那麼瘦弱，看起來似乎又變得更加削瘦、更加蜷縮了。像一截暗粉紅色的葡萄莖，裂紋滿佈，水份盡失。她以茫然若失的聲音呢喃說道：「他們完全把我給榨乾了。」她一直等到晚上才終於做了X光檢查，而在等待的二十個小時之間，他們不准她喝水。用硫酸鋇灌腸不會疼痛，但口渴和焦慮讓她精疲力盡。她的臉孔垮了下來，因痛苦而緊繃。檢查的結果如何？「我們不懂得判讀影像。」護士們面露驚慌，這樣回答我。我去見T醫師，這一次的說明也一樣含糊：他認為不是「囊腫」，但腸子因神經性的痙攣而打結，從昨天起便阻礙腸道運作。我母親既樂觀又固執，但卻容易緊張、焦慮，所以她才會有那些抽搐的小動作。她太疲倦，無法與訪客會面，她拜託我打電話向她的告解對象P神父取消會面。她幾乎沒對我說話，也擠不出一絲笑容。

「明晚見。」離開時，我這樣對她說。妹妹今晚抵達巴黎，明天她會去診所。晚上九點，我家電話響了。是B教授打來的。「您是否同意我在您的母親身邊安置一名夜間看護？她的狀況很不好。

您預計明晚才會過來，但明天一早就盡快過來比較好。」最後他告訴我，有個腫瘤堵住了小腸，媽媽得了癌症。

癌症。那正在醞釀，那甚至已是一目了然。她的黑眼圈，她的削瘦。但她的家醫排除了這個可能性。眾所周知，父母永遠是最後一個承認他們的兒子瘋了的人，而孩子們永遠是最後一個承認母親得了癌症的人。媽媽一輩子都害怕自己會得癌症，結果我們更加不相信這件事會真的發生。四十歲的時候，當她的胸部撞到某個家具時，她陷入恐慌：「我會得乳癌。」上個冬天，我有個朋友因胃癌而開刀，她說：「我也會發生一樣的事。」當時我只聳聳肩膀，因為癌症以及用羅望子果醬治療的消化道遲緩，這兩者天差地遠。我們從來沒想像過，媽媽這項執念有天會變得有憑有據。然而，法蘭馨・迪亞托當時想的便是癌症。「我認得出它的面部特徵。還有，」法蘭馨說，「那味道。」這是她後來告訴我們的。一切都真相大白。媽媽在阿爾薩斯腹痛發作，是腫瘤引起的。她昏厥、跌倒，是癌症導致的。而這兩週臥病在床，使得長久以來威脅她健康的腸道阻塞加速惡化。

娃兒打過幾次電話給媽媽，她以為媽媽的身體狀況非常好。她比我和媽媽更親近，也對她牽掛更深。我不能讓她就這樣過去診所，就這樣發現媽媽的臉龐已呈死兆。她下火車之後不久，我打電話去迪亞托家裡找她。當時，她已經睡了，這樣醒來是多麼殘酷啊！

十一月六日星期三這天，公共運輸、瓦斯、電力都罷工。我請鮑斯開車過來載我。在他抵達之前，B教授再度打電話給我，他說媽媽吐了一整夜，或許撐不過今天。

街上塞車的程度，沒有我原先擔憂的那樣嚴重。早上十點左右，我在一一四號病房的門前見到娃兒。我對她複述了B教授說的話。她告訴我，從今天一早開始，一名急救醫師N醫師負責救治媽媽，他要為她插鼻胃管，好清理她的胃部：「但她如果已經沒希望了，這樣折磨她有什麼用？不如讓她安詳地走。」娃兒哭著說。鮑斯在大廳等候，我叫娃兒過去找他，他應該會帶她去喝杯咖啡。N醫師經過我面前，他正要走進病房時，我攔下他。他是一名表情嚴肅的年輕男子，身穿白袍，頭戴白色手術帽。「為什麼要插鼻管？既然已經沒希望了，為什麼還要折磨我媽媽？」他的眼神如雷電劈在我身上：「我只是做我該做的事。」他推門進去。過了一陣子之後，一名護士叫我進去。

病床被移回它原本的位置，在病房正中央，床頭靠著牆壁。左側有個點滴，插在媽媽的手臂上。一條透明的塑膠管從她的鼻子裡伸出來，穿越一些複雜的儀器，最後伸入一個玻璃罐中。她的鼻孔被夾住，臉龐又更加乾癟了。房內飄蕩著一陣憂傷的馴良氣息。她輕聲呢喃，對我說，鼻管還不致於讓她太不舒服，但她在夜裡受了許多苦。她很渴，但她不能喝水，護士拿了一支滴管插進水杯，將滴管湊近她的嘴巴，媽媽用它沾溼雙唇，並未將水嚥下。這吮吸的動作既殷切又克制，讓我看得著迷。我出神地看著她的嘴唇，覆蓋著一層細細的汗毛，嘴唇鼓鼓的，像我小時候媽媽不高興或是難為情的時候會鼓起嘴巴一樣。「您要我們把這東西留在她的胃裡嗎？」N醫師指著裝滿黃色物質的玻璃罐，以攻擊性的口吻這樣問我。我什麼都沒回答。N醫師在走廊上對我說：「天亮的時候，她頂多只剩下四小時的生命。我讓她重新活過來了。」我不敢問他：

為什麼？

專科醫師會診。當一名醫生與外科醫生P醫師觸診媽媽鼓脹的肚子時，妹妹在我身邊。媽媽在他們碰觸時痛苦呻吟，她在哀號。注射嗎啡。她仍舊發出呻吟，我們出聲請求：「再打一針！」他們反對，說嗎啡過量可能會導致腸道麻痺。那麼，他們期望什麼呢？因為罷工的緣故，電力被切斷了，他們將抽血檢查的血液樣本送去一間有發電機組的美國醫院。他們想動手術嗎？走出病房時，外科醫師告訴我，開刀是幾乎不可能的，因為病人太虛弱了。一名較為年長的護士貢特宏女士聽見了他說的話。他一走遠，她便衝動地對我說：「別讓她開刀！」接著她掩住自己的嘴說：「如果N醫師知道我這樣講的話該怎麼辦！我說得像是在說我自己的母親一樣。」我問她：「開刀的話會怎樣？」但她再度關上心門，沒回答我的問題。

媽媽睡著了。我離開時，留給娃兒一堆電話號碼。五點左右，她打電話來沙特家裡找我時，聲音中帶著希望：「外科醫師要試試幫媽媽開刀。血液分析的結果非常振奮人心，她恢復了一些精力，她的心臟撐得住。而且，他並不完全肯定媽媽真的得了癌症，說不定只是腹膜炎而已。如果是這樣的話，她很有機會康復。你同意嗎？」（「別讓她開刀。」）「我同意。幾點？」「你兩點就過來。我們不會告訴她手術的事，我們只會跟她說，要再做一次X光檢查。」

「別讓她開刀。」這理由站不住腳，無法對抗專家的決定，無法對抗我妹妹心中的一線希望。或許媽媽會就此沉睡不醒？這並非最壞的結局。而且，我不認為一名外科醫師會冒這樣的險，她應該能倖免於難。或許手術會加速病情惡化？貢特宏女士想說的可能是這一點。但以媽媽腸道阻塞的程度來看，她是撐不過三天的，我害怕她在極端的痛苦之中瀕危。

一小時後，娃兒在電話另一端哭著說：「快點過來。他們已經開刀，發現一顆巨大的腫瘤，惡性腫瘤……」沙特和我一起下樓，陪我搭計程車去診所。焦慮梗住了我的喉嚨。一名護士告訴我，妹妹在入口大廳與手術室之間的小廳等著。她混亂極了，我要了一顆鎮靜劑給她。她說，醫生們以非常自然的態度告訴媽媽：做X光檢查之前，他們要為她注射一針鎮定劑。N醫師讓她陷入沉睡。在麻醉過程中，娃兒全程握著媽媽的手，我想像那對她是何等艱難的考驗，看著這具飽受摧殘的年邁身軀，這曾經屬於她母親的身軀。翻白的雙眼、敞開的嘴唇，還有那張臉，她將永遠無法忘記。過了好一段時間，N醫師從媽媽所在的手術室中走出來。媽媽肚子裡有兩公升的膿，腹膜爆裂，一顆碩大的腫瘤，癌症最糟糕的狀況。外科醫師正在盡力將能取出的都取出來。等待期間，我的表姐妹讓娜和她女兒香妲來了。讓娜剛從利摩日[14]過來，還以為會看見媽媽安穩舒服地躺在病床上。香妲帶了一本填字遊戲的書要送她。我們尋思著，等媽媽清醒之後，該如何向她解釋。答案很簡單：X光檢查報告顯示她得了腹膜炎，醫生便立刻決定開刀。

N醫師告訴我們，媽媽剛被送回她的病房。他對自己的戰果非常得意，今早瀕臨垂死邊緣的她，很順利地熬過了一場漫長而危險的手術。多虧了最先進的麻醉技術，她的心臟、肺部、所有器官都

14 編註：Limoges，法國中南部城市，距離巴黎約四百公里。

繼續正常運作。可以肯定的是，他成功完成了一件了不起的技術性戰績。至於這場手術接下來的後果，他想必是不管了。妹妹曾對外科醫師說：「請幫媽媽開刀。但如果是癌症的話，請您答應我：您不會讓她受苦。」他答應了。他的承諾有多少份量？

媽媽深深沉睡，她仰躺著，面色蠟黃，嘴巴張開，鼻子夾住。妹妹和一名看護照看著她。我回到家裡，和沙特閒聊，兩人聽了巴爾托克[15]的音樂。晚上十一點，淚水突然狂湧，幾乎變成歇斯底里發作。

驚愕。父親過世時，我沒掉一滴淚。我曾對妹妹說：「輪到媽媽時，也會是一樣的。」直到這一夜為止，我所有的哀慟都是我能

15 譯註：巴爾托克．貝拉（Bartók Béla Viktor János, 1881-1945），匈牙利作曲家。

夠理解的哀慟，就連它們將我淹沒時，我都能從這些情感中辨認出我自己。但這一次，絕望超出了我的控制，在我心中，有某個不是我的人，正在哭泣。我向沙特提起媽媽的嘴，向他描述我今早看見那嘴唇的樣子，以及我在其中體悟的所有一切：被拒絕的進食欲望、幾乎是卑躬屈膝的謙卑、希望、苦惱、孤寂——不被承認的孤寂。她死亡的孤寂、她一生的孤寂。沙特對我說；而我自己的嘴唇不再聽從我的命令。我將媽媽的唇貼在我的臉頰上，下意識地模仿它的動作。她整個人、她的全副生命都在其中具體顯現，而憐憫之情使我心碎。

我不認為我母親的童年是快樂的。我只聽她說過一則令人愉快的回憶：洛林省[16]一座村莊中，有著她奶奶的花園，那兒有暖呼呼的黃香李與義大利李，可以直接在樹上吃掉。關於她在凡爾登城[17]裡度過的童年歲月，她什麼都沒對我提過。一張照片中是八歲的她，裝扮成法國菊的樣子，我說：「你的道具服很漂亮。」「對

16 編註：Lorraine，法國東北部的舊大區，北鄰比利時、盧森堡及德國。二〇一六年與阿爾薩斯、香檳－阿登（Champagne-Ardenne）合併為大東部大區。

17 編註：Verdun，法國東北部城市，為歷史上的戰略要地，距離巴黎約二百七十公里。

啊，」她回答我：「但我的綠色長襪掉色，顏料滲進我的皮膚，我花了三天才擺脫它。」她的聲音是賭氣的口吻，在她的回憶中，只有苦悶的過往。她不只一次向我抱怨她母親是多麼冷酷無情。外婆五十歲時是個冷淡的人，甚至有些傲慢，她很少笑，經常搬弄是非，她對媽媽展露的是一種非常符合常規的情感。外婆狂熱地為丈夫付出一切，孩子們在她的生命中只是次要角色。而關於外公，媽媽經常憤恨不滿地對我說：「他只熱愛你的莉莉阿姨。」一頭金髮、面頰紅潤的莉莉阿姨，比媽媽年輕五歲。媽媽對她妹妹的嫉妒灼熱似火，無法抹消。從小，媽媽總是稱讚我比妹妹更聰明、更品行端正，直到我即將進入青春期之前都是如此。她將我視作從前的她，她羞辱、貶低妹妹，那個年紀比較小的、一頭金髮而面頰紅潤的妹妹，她並未發現媽媽用她來進行報復。

她會驕傲地對我說起飛鳥教會學校與修女校長，校長對她的器重賞識，撫慰了她的自尊心。她曾拿一張班級合照給我看：六名少女坐在公園，兩側是兩名修女。六人當中有四人是身穿黑衣的寄宿生，另外兩人則是白衣裝扮的日校生：媽媽和她的一名朋友。所有人都穿著高領襯衫與長裙，挽著樸素的髮髻，眼神空洞。媽媽的人生被最嚴格的準則緊緊拘束：修會省的禮節規矩，與修道院的道德規範。

二十歲那年，她的情感又遭受一次挫敗。她迷戀的表哥，鍾情的是另一名表妹，也就是我的潔嫚表姨。終其一生，這場挫折都在她內心深處留下了一絲敏感怒火，以及積恨。

和爸爸在一起，她很開心。她愛他、崇拜他，在十年的相伴中，他毫無疑問在肉體上滿足了她。他醉心於溫柔鄉，有過許多外遇，而他正如自己熱愛的作家馬塞爾・普雷沃[18]一樣，認為男人對待自己的年輕妻子，應該像對待情婦一樣熱情。媽媽的臉，襯著她上唇微微覆蓋的汗毛，透露了熱情的性感。他們情感之融洽，只消一眼就能看出，他會撫摸她的手臂，奉承她，對她說些溫柔的無聊話。我還記得，某個早上，她赤腳走在走廊的紅地毯上，身上穿著她的白色亞麻長睡衣，長長捲髮的髮綹垂在脖子上，當時我大約六歲或七歲，我被她臉上微笑所散發的光采給迷住了，對我來說，那微笑和她剛走出的那間房間，以某種神祕的方式聯繫著。在這場鮮明的記憶重現之中，我幾乎認不出這名可敬的大人是我母親。

然而，從來沒有什麼能使我們忘記童年。而媽媽的幸福並非沒

18 譯註：Marcel Prévost（1862-1941），法國作家與劇作家。

有陰影。打從他們的蜜月旅行開始，父親的自私便已顯露出來。她希望能去看看義大利的湖泊，而他們卻停留在尼斯，因為那兒的賽車季剛開始。她常常想起這次失望經驗，雖然沒有怨懟，但並非毫無遺憾。她很喜歡旅行。「我曾經希望能成為探險家。」她這樣說。她青春歲月最美好的時光，是那些由外公策劃的旅行，他們會徒步健行或騎著單車穿越孚日省[19]和盧森堡。她不得不放棄許多夢想，爸爸的願望總是優先於她的願望。她不再和一些女性友人見面，因為爸爸覺得她們的丈夫很無趣。他只有在沙龍聚會或舞臺上才能感到愜意。她很樂意陪他去，她喜愛社交生活。但她的美麗無法保護她不受惡意侵擾，她來自外省，不太機靈，在這個充滿巴黎

19 編註：Vosges，位於法國東北部，鄰近盧森堡、德國、比利時等國家。

調調的圈子中，她那些不自然的言行舉止會被人嘲笑。她在那裡遇見的一些女性，和爸爸有私密關係，我想像那些耳語、那些陰險惡毒的言行。爸爸在他的辦公室留著他最後一任情婦的照片，那名女子既優秀又美麗，她有時會和她丈夫來我們家裡。三十年後，他笑著對媽媽說：「她的照片被你丟了。」她否認，卻無法說服他。可以肯定的是，即使是在蜜月期間，他的愛與他的傲慢，就已經讓她受苦。她的性格剛烈，很固執，而她的傷口難以痊癒。

而後，我外公破產了。她以為自己的名譽蒙受恥辱，甚至因此和凡爾登城的所有親戚斷絕往來。說好要付給爸爸的嫁妝，結果並沒有支付。她覺得爸爸很高尚，並未因此對她懷恨在心，而她一輩子都覺得虧欠他。

儘管如此，她的婚姻成功，兩個女兒很愛她，生活算是寬裕。

直到戰後，媽媽都不曾埋怨她的命運。她很溫柔、很快活，她的微笑讓我心醉神迷。

當爸爸的處境發生變化，我們陷入半貧困狀態時，媽媽決定不再仰賴幫傭來處理家務。不幸的是，家事工作讓她厭煩，從事這些工作讓她覺得有失身份。她可以為了我父親或為了我們而拋下自我，不將注意力放在自己身上，但是沒有人能夠說：「我犧牲了自己。」而不語帶尖刻。媽媽的矛盾之一，是她一方面深信犧牲奉獻的偉大，另一方面她的喜惡與渴望又太過強烈，使她無法不去痛恨那些壓抑她的事物。她經常不斷抗拒那些她強加在自己身上的刻苦與束縛。

可惜的是，二十年後，成見讓她改變主意，轉而選擇歸附另一種解決之道：去外面工作。她很有韌性，很有責任感，記憶力絕佳，她大可以去書店工作，或是當祕書，如此便能提升她的自我觀感，而不是愈來愈貶低自己。如果她去當書店店員或祕書的話，那她就會建立自己的人際網絡，就可以逃離那永遠只是附庸他人的從屬地位。傳統價值觀使她覺得這從屬地位很自然，但這一點都不適合她的性格。若她真的當了書店店員或祕書的話，她或許會比較能夠承受她所忍受的挫敗感。

我並不怪我父親。我們都很清楚，對男人而言，習慣會抹殺欲望。媽媽失去了最初那份新鮮感，而他便喪失了他的狂熱激情。為了重新喚起他的激情，他求助於凡爾賽咖啡館的賣淫者，以及斯芬克斯[20]的青樓女子。在我十五歲至二十歲這幾年中，我不只一次見

20 編註：Le Sphinx，一九三〇至四〇年代巴黎最豪華的知名妓院，位於饒富文藝氣息的塞納河左岸，經常吸引藝術家、文學家造訪。知名訪客包括海明威（Ernest Hemingway）、喬治・西默農（Georges Simenon）、亨利・米勒（Henry Miller）等。

他在早上八點回家，渾身酒氣，含糊不清地講一些橋牌或撲克牌局的藉口。媽媽讓他進屋時從不大驚小怪，或許她相信他，因為她早已練就如何逃避令人不安的真相。然而，面對他的漠不關心，她並不甘願。僅只她一個案例，便足以說服我：布爾喬亞式的婚姻，是一種違反自然的制度。她戴上的那只婚戒曾經准許她識得快感為何物，而她在感官方面的需求便提高了。在她還年輕力壯的三十五歲，她的慾求卻再也無法獲得滿足。她繼續睡在這名男人身邊，她愛著他，他卻幾乎不再和她親熱。她冀盼著，等候著，她日漸憔悴，一切只是徒勞。若他們之間的關係是完完全全的無性夫妻，而不是像這樣貼近共處的窘境，那麼她的自尊還不會如此備受考驗。我並不訝異她的情緒總是起伏不定：羞辱他人、發牢騷、發脾氣，不僅只是私下和家人相處的時候，甚至連客人在場時也一樣。「佛蘭索瓦的個性糟透了。」爸爸這樣說。她也承認自己容易「動氣」，但當她聽聞別人說「佛蘭索瓦好悲觀！」或「佛蘭索瓦神經衰弱」時，這些話刺傷了她。

年輕時，她喜歡打扮。當有人說我們看起來不像母女而像姐妹時，她會很開心。爸爸有個表兄弟會演奏大提琴，她則會彈鋼琴為他伴奏，他會恭敬地向她獻殷勤，而當他結婚時，她恨透了他的妻子。當她的性生活與社交生活都失去品質，除非是一些非得「著裝」不可的重大場合，否則媽媽不再注重儀表。我還記得，有一次我們放暑假回來，媽媽來車站接我們，她戴著一頂漂亮的天鵝絨帽子，帽子前方襯著短面紗，她還抹了點粉底。妹妹驚豔地嚷著：「媽媽，你看起來像個時髦的仕女！」媽媽笑了，她並無其他意圖，因為她已不再拿自己的優雅來自我吹噓。天主教學校的教育教導她輕蔑身體，她將這一點發揮得淋漓盡致，甚至到了忽視衛生清潔的地步，對她的女兒如此，對她自己也一樣。但她另外一項矛盾之處，是她依舊保有希望討人喜歡的欲望，奉承話讓她開心，而她會以嬌媚的態度來回應。當爸爸的一名友人在他自費出版的書上為她題字寫道：「獻給佛蘭索瓦．波娃，我讚賞她的人生。」時，她因此趾高氣昂。這獻詞相當含糊：她唯有透過抹消自我才能得到讚賞，而這抹消過程偏偏使她失去了欣賞者。

她被剝奪了肉體方面的愉悅，而她的自負心又得不到滿足。一些既無趣又使她感到羞辱的苦差事控制了她。然而，這名驕傲而頑強的女子並不擅於屈從。在一次又一次怒火爆發之間，她亦未曾停止歌唱、開玩笑、閒聊，將她內心的竊竊低語撲滅在喧囂雜音之中。爸爸過世後，潔嫚阿姨說他並不是個好丈夫，媽媽激烈而粗暴地反駁：「他一直都讓我很幸福。」她想必從未停止向自己強調這一點。儘管如此，這刻意強裝的樂觀並不足以滿足她的渴切。她急急投身於眼前唯一能夠選擇的路，忙著照顧她有責任照顧的兩個幼小生命，並沉緬其中。「我，至少我從來都不自私，我曾經為了他人而活。」後來，她這樣告訴我。的確如此，但她亦是透過他人而活。她的佔有慾很強，很愛支配，她想將我們姐妹倆完完全全緊緊握在手心。就在這項補償對她而言變得不可或缺的時候，我們卻開始期望自由、渴望獨處。衝突就此醞釀、爆發，這完全無助於媽媽重尋她的平衡。

然而，她還是比我們強悍，她的意志總佔上風。在家裡，所有的門都必須開著；我必須和她待在同一個空間，在她眼前唸書。夜裡，我和妹妹各自躺在床上聊天時，被好奇心折磨的她會將耳朵貼在牆上，對我們大喊「閉嘴」。她拒絕讓我們學游泳，也阻止爸爸買腳踏車給我們，因為這些樂趣她無法與我們共享，這會導致我們逃離她的掌控。她堅持參與我們所有消遣娛樂，原因並非只是她自己的活動太少。基於一些或許可以追溯到她孩提時代的理由，她不允許自己覺得被排除在外。她毫不猶豫強迫我們接受她，就算她知道自己不受歡迎也一樣。在拉格里耶荷[21]的一個晚上，我們和表兄弟的朋友們，一群少年少女在廚房裡煮剛用燈籠捕獲的小龍蝦。媽媽出現了，她是廚房裡唯一的大人：「我總有權力和你們一起吃宵夜。」她澆熄了我們的興致，但她還是賴著不走。後來，我的表兄賈克[22]和我們姐妹倆約在巴黎秋季沙龍展的門口見面，媽媽陪我們

---

21 編註：La Grillère，位於梅里尼亞克附近的城堡，為波娃的表兄所有。
22 編註：Jacques Champigneulles，波娃十八歲時曾瘋狂熱戀這位表兄。

一起過去，而賈克沒有現身。「我看到你媽，所以我就離開了。」隔天，他對我說。我媽媽的存在感無可忽視。當我們在家裡招待朋友時，她會自己一個人說個不停，「我總有權力和你們一起喝下午茶。」在維也納或米蘭時，當妹妹有一些正式或半正式的晚餐邀約，她往往確定自己會因為媽媽在用餐時搶著自我表現而懊惱。

這些討人厭的干擾、這些讓自己顯得重要的門道，就她而言是一種報復，因為她不常有機會表現自己。她平常見到的人很少，而當爸爸在家時，賣弄自己的人是他。這句激怒我們的「我總有權力」，其實證明了她沒有信心：她的渴求本身無法構成正當理由。當她無法克制自己時，她會變成潑婦，而不發火的時候她很冷靜，非常謹慎，甚至到了謙卑的地步。她會為了一些瑣事對爸爸大發脾氣，但她卻不敢向他要錢，她從不花錢在自己身上，也盡可能少在我們身上花錢。她溫順地放任他每晚在外面玩樂，任他星期天獨自出門。他過世後，當她在經濟上仰賴我們之後，她也以相同的顧忌對待我們，不再打擾我們。由我們負責扶養之後，這就是她對我們表達情感的方式。而從前她養育我們的時候，她對我們的照料，在她眼中成了她那份暴虐的正當理由。

她愛我們愛得很深，也愛得很霸道。我們在被愛的同時感受到的那份痛苦，反映了她自己的內心衝突。她很容易受傷——別人一句指責、一點批評，她可以反覆回想二十年、四十年。盤據在她內心的怨懟四下瀰漫，外顯為充滿攻擊性的行為舉止：粗魯唐突的坦率、令人難以忍受的譏諷；她經常對我們表現得很惡毒，與其說是暴虐殘忍、不如說是輕率魯莽。她並不希望我們不快樂，但她想證明自己有能力可以讓我們不快樂。當我在扎扎[23]家過暑假時，妹妹寫信給我，她在信中以青少年常見的方式向我述說她的心事、她的困擾，揭露她內心深處的感受。我回信給她，媽媽拆了我的信，當著娃兒的面高聲朗讀，大聲嘲笑娃兒的祕密。娃兒很生氣，她輕蔑地否定媽媽，並發誓永遠不原諒她。媽媽哭了，她寫信哀求我幫她們兩人和解，我照做了。

她主要是堅持在妹妹身上施展她的權威，我們姐妹倆之間的友誼使她不安。當她知道我不再信神，她對妹妹怒喊：「我會捍衛你不受她的影響。我會保護你！」寒暑假期間，她禁止我們單獨見面；我們則偷偷在栗子園裡會面。媽媽一輩子都被這股嫉妒折磨，

23 譯註：Zaza，西蒙波娃學生時期的密友伊麗莎白・勒可因（Elisabeth Lacoin, 1907-1929）的小名。

而我們直到最後都維持同樣習慣，姐妹之間多數的會面都向她隱瞞。

但她的情感亦是如此熾烈，經常使我們動容。大約十七歲時，娃兒不經意成為爸爸和「亞德里安叔叔」失和的起因。爸爸將亞德里安叔叔視為最要好的朋友，好幾個月之間，他不再對妹妹說一句話。媽媽凶悍地為了妹妹和丈夫吵架。接下來，父親責怪妹妹不願犧牲她的畫家志向去找個餬口的工作來養活自己，怪她還繼續住在家裡。他不給她一毛生活費，也幾乎不讓她吃飽。媽媽支持娃兒，想盡辦法幫助她。而我，我沒忘記在爸爸過世之後，她是如何樂意地鼓勵我和一名女性友人出去旅行，而當時她只要嘆口氣，便能將我留下來。

她的拙劣手段屢屢搞砸她和別人的關係，她為了要讓妹妹疏遠我而做了許多努力，沒什麼比這更可悲的了。我們的表兄賈克總讓她憶起自己當年對賈克父親抱持的愛，而當賈克愈來愈少去雷恩路造訪她之後，她每次見到賈克來訪時，都以尖刻的指責來迎接他。她以為這些話只是打趣，卻屢屢激怒賈克，於是他更少登門造訪。當我搬進奶奶家住時，她雙眼盈滿淚水，我很感激她甚至未曾醞釀一齣可憐兮兮的戲碼。她總避免這類場面。然而，那一年，每當我回家吃晚飯，她都咕噥抱怨我不關心自己的家，雖然我其實很常回家。基於她的自尊、基於她的原則問題，她什麼都不願要求，接著她便抱怨自己得到太少。

她對誰都無法訴說自己的困難，甚至連她自己都無法傾聽自己的問題。她已習慣自己既不清楚理解自己的內心、亦不使用她自己的判斷。她總需要躲在權威背後，但她敬重的權威彼此之間並不相符；飛鳥教會學校的校長與爸爸之間少有共通之處。我是在智識養成的過程之中經歷這兩極對比，而並非直到智識成長之後才見識這一切。由於我的童年歷練不同，我有幸能夠擁有我母親所沒有的自信。我走上一條反體制的道路，但這條路在她面前是封閉的。反之，她決定遵循所有人的意見：最後一個發言的人，就是對的。她閱讀很多書，然而，雖然她記性很好，讀過的她幾乎全都忘了。她若能擁有確切的知識、鮮明的見解，那麼種種境遇強加在她身上的一百八十度大轉變，或許就會成為不可能之事了。即使在爸爸走後，她依舊維持這份小心翼翼。她來往的對象變得較為符合她的思想。她站在「有教養」的天主教會那一邊，反對那些擁戴整體論的教派。但在她的親友當中，亦有不同的聲音。另外，儘管我走上歧路，但她許多計畫都需要參考我的意見，還有妹妹和李奧的意見。

她害怕在我們眼中「被視作一個傻瓜」。於是她繼續保持腦中一團迷霧，對一切都說好，對什麼都不感訝異。在人生的最後幾年，她能夠建立某種程度的邏輯一致性，但在她情感生活最痛苦的那段歲月中，她既沒有理論，也沒有概念或字句去以理性來解釋它。這便是她如此惶然不安的緣由。

違逆自身而去思考，經常能有豐饒的成果，但就我母親而言則是另一回事，因為她一直是違逆自己而活。她有諸多渴望，但她用盡所有精力去壓抑它們，並在憤怒之中忍受這份背棄。在她的孩提時期，她的身、心、靈都被壓抑在道德規範與戒律的馬鞍之下，且被教導如何自己動手束緊馬鞍的束帶。一名暴烈似火的女子取代了她，但這女子是偽造的她，缺手斷腳，全然陌生。

我一睡醒，便立刻打電話給妹妹。媽媽在夜裡恢復意識，她知道他們為她動過手術。媽媽似乎對此不太驚訝。我攔下一臺計程車。同樣的路程，同樣溫暖湛藍的秋，同樣的診所，但我如今進入的是另一個故事——不是病後療養，而是臨終過程。在此之前，我在這裡度過的是平淡無聊的時刻，我只是漫不在意地穿越大廳。緊閉的門扉後面上演著一齣又一齣悲劇，但這些門扉什麼也不透露。而今，這些悲劇的其中一齣，是屬於我的悲劇。我走上樓梯，盡可能以最快的速度、盡可能以最慢的速度上樓。病房的門口現在貼了一則告示：「謝絕訪客」。房內的擺設變了。床的設置和昨天一樣，但床的兩側是淨空的。糖果點心被收進櫃子裡，書也一樣。房間角落的大桌上放置的不再是花朵，而是藥瓶、圓底燒瓶、量筒。媽媽沉睡著，鼻管拿掉了，我看見她時的心痛因此稍微減緩了點。但是床下看得見一些玻璃罐，有些管子連接著她的胃部和腸子。左臂插著點滴。她身上已沒有任何衣物，那件羊毛編織披肩像一條被子，蓋在她的上半身和裸露的肩膀上。一名新角色登場了：特別看護勒布隆小姐，優雅得像是安格爾[24]筆下的肖像畫，藍色的帽套包住頭髮，腳下踩著白布鞋。她監控點滴，搖晃燒瓶，稀釋血漿。妹妹說，據醫生們的說法，她或許能再撐幾週，或許幾個月也不無可

24 譯註：尚・奧古斯特・多米尼克・安格爾（Jean Auguste Dominique Ingres, 1780-1867），法國畫家，新古典主義畫派最後一位代表人物。

能。她詢問B教授：「但當病情再度惡化，或轉移其他地方時，我們該怎麼向媽媽解釋？」「您別擔心。我們會找到說法的。我們一向能找到說法，而病人永遠相信您。」

下午，媽媽睜開雙眼，她說的話只能勉強聽清楚，但她的意識很清醒。「喏！」我對她說，「你摔斷了腿，他們卻開了你的盲腸炎！」她舉起一隻手指，略帶驕傲地輕聲呢喃：「不是盲腸炎，是腹——膜——炎。」她還說：「我太幸運了……在這裡。」「你很開心我在這裡？」「不。我，在這裡。」她得了腹膜炎，而身在這間診所救了她！背叛就這樣開始了。「好高興沒有鼻管了，我好高興！」前一天撐得她肚腹腫脹的汙物已從她的體內清空，她不再痛苦了。而她的兩個女兒都陪在身邊，她以為自己可以安心了。當N醫師和P醫師走進病房時，她心滿意足地說：「我沒有被拋棄。」

而後她再度閉上雙眼。醫師們彼此說了幾句評論：「她這麼快就恢復真是太好了！太驚人了！」確實如此。在輸血與點滴幫助之下，媽媽的臉龐恢復了貌似健康的血色。前一天痛苦躺在這張床上的可憐的東西，再度恢復成為一名女性。

我拿香妲帶來的填字遊戲書給她看，她含糊不清地對看護說：「我有一本厚厚的拉魯斯字典（dictionnaire Larousse），新版的，這是我為了填字遊戲而買給自己的。」這本字典是她最後的喜樂之一，她在買下它之前，對我講它講了好久，每次我翻閱那本字典，她都臉色一亮。「我們會把字典帶來給你。」我對她說。「好，還有《新伊底帕斯》（*le Nouvel Œdipe*），我沒全部找到……」這些謎樣的字句像神諭一樣模糊難解，字句在她吐氣時散逸而出，得直接從她的唇上摘取判讀。她的回憶、她的想法、她的煩惱都漂流於時光之外，透過她那孩子氣的聲音、透過她死期已近的急迫，轉化為超乎現實的夢，令人心碎的夢。

她沉睡了許久。有時，她會用滴管吸吮幾滴水。她吐痰時，看護會拿紙巾按住她的嘴，讓她吐在上面。晚上她開始咳嗽，羅紅小姐過來探視她的近況，將她扶坐起來，為她按摩，協助她咳出痰來。於是媽媽對她露出一個大大的微笑——這是四天來的頭一次。

娃兒決定每天在診所過夜。「你陪伴了爸爸和奶奶的最後一刻，而我當時卻在遠方。」她對我說，「媽媽由我負責照看。而且，我希望能陪在她身邊。」我同意了。媽媽很吃驚：「為什麼你要睡在這裡？」「李奧開刀時我也睡在他的病房，總是這樣的。」「啊！好吧！」

回家後，我感冒發燒。走出暖氣開太強的診所之後，秋季的潮溼氣候讓我著涼了。我就寢，因為吃了藥而昏昏沉沉。電話守在一旁，媽媽隨時可能斷氣，「像蠟燭一樣。」醫生們這樣說。一旦出現一點警兆，妹妹會立刻打電話給我。凌晨四點，電話鈴聲將我驚醒。我心想：「一切都結束了。」我握住話筒，聽見陌生人的聲音，一通打錯的電話。直到破曉時分，我才再度睡去。八點半，電話再度響起，我趕緊接聽，是一通無關緊要的電話。我恨這臺機器，它的顏色是柩車的顏色：「您的母親得了癌症。」「您母親撐不過今夜。」即將有那麼一天，它會在我耳邊響道：「一切都結束了。」

我穿過花園，進入大廳。這裡簡直讓人以為置身機場，許多矮桌、許多現代感十足的扶手椅，人們相互親吻臉頰道早安或說再見，還有其他等候的人們，許多行李箱、旅行袋、插在瓶裡的花、用玻璃紙包裹的花束，彷彿為了迎接即將啟程的旅客……然而，從那些臉上、在那些耳語之中，可以猜出一些曖昧可疑之事。而且，大廳盡頭那扇門中，有時會出現一名全身白袍的男人，鞋子沾有血跡。我向上爬一層樓。左邊是一條長長的走廊，有病房、護士休息室、辦公室。在我右邊，是一間方方正正的門廳，設有一張長椅和一張辦公桌，桌上放了一具白色電話機。這處門廳的一側通往一間等候室，另一側則通往一一四號病房。**謝絕訪客**。進門之後是一條短短的小走道，左方是廁所和便盆、「腰子盤」、醫用脫脂棉、玻璃罐；右側是一個櫃子，裡面放了媽媽的個人物品；衣架上掛著她那件紅色睡袍，髒了，灰塵滿佈。「我再也不想看見這件睡袍了。」我推開第二道門。先前，穿越這些空間時，我對這一切視而不見。而今，我知道這空間已是我生命中的一部分，永永遠遠。

「我很好，」媽媽對我說。接著她以狡詐的神情說：「昨天，醫生們私下討論的時候，我聽到他們說：太驚人了！」這個詞讓她欣喜，她經常一本正經地唸出這個詞，彷彿這是一句魔法咒語，能夠保證她會恢復健康。但她依舊覺得虛弱，目前她最迫切的欲望，是不要花費絲毫氣力。她夢想自己一輩子就以點滴來補充營養：「我再也不用吃東西了。」「什麼？你以前那麼愛好美食！」「不。我不會再吃東西了。」勒布隆小姐拿了一支梳子和一把髮刷要為她梳頭，而媽媽威嚴十足地命令她：「把我的頭髮剪掉。」我們表示反對。「你們再堅持的話我會很累。剪掉吧。」她很堅持，她的態度帶著一種奇怪的頑固，彷彿她想透過這犧牲來確定自己真的能夠好好休息。勒布隆小姐輕輕解開她的粗辮子，梳理她凌亂的頭髮；她將頭髮編成辮子，把螺旋狀的銀髮圍著媽媽的頭固定住，媽媽放鬆下來的臉龐再度尋回了令人驚豔的純淨。我想到李奧納多．達文西一幅素描，畫中描繪的是一名美極了的老太太。「你就像李奧納多．達文西的畫一樣美。」我對她說。她微笑：「從前，我長得還算不錯。」她以一種略帶神祕的語調告訴看護：「以前我的頭髮很漂亮，我會把頭髮理成帶狀盤在頭上。」接著她開始聊起她自己：她如何取得圖書館員的文憑、她對書本的熱愛。勒布隆小姐回應著她，同時著手準備一管血清。勒布隆小姐向我解釋這透明液體中亦包含葡萄糖與鹽份。「實實在在的雞尾酒。」我說。

今天一整天，我和妹妹拿未來的計畫來哄媽媽。她閉著雙眼聽我們講：妹妹和她丈夫剛在阿爾薩斯買下一座舊農場，他們會找人整頓該地，媽媽會在那裡有一間獨立的大房間，可以在那兒休養至完全康復。「但是我長期待在那兒，李奧不會介意嗎？」「當然不會。」「好，在那邊的話，我就不會打擾你們。沙拉克貝爾蓋姆那邊的房子太小了，我造成了你們的困擾。」我們聊了梅里尼亞克。媽媽想起她少女時期的回憶。打從好些年前開始，她便以狂喜之情對我描述這些美化了的過去。她非常喜歡讓娜，讓娜三名年紀較長的女兒既漂亮又精神飽滿，個性很快活，她們住在巴黎，經常來診所探望她。「我沒有孫女，而她們沒有奶奶。」她向勒布隆小姐解釋道，「所以我就是她們的奶奶。」她打瞌睡時，我讀了一份報紙。睜開眼睛時，她問我：「西貢發生了什麼事？」我告訴了她[25]。有一回，她以戲謔的責難口吻說：「我的手術是一場背叛！」而當P醫師進入病房時，她說：「看吧，劊子手來了！」但

25 譯註：一九六三年十一月初發生南越倒吳政變。

她的聲音是說笑的口吻。他在她身邊待了一會。由於他對她說：「我們不管活到幾歲都能學到新知。」她便以略帶莊重的語氣回答：「是的，我現在知道我有腹膜炎了。」我對她開玩笑說：「你還真特別！你來這裡修理大腿骨，結果卻被開了腹膜炎的刀！」「這倒沒錯。我是個特別的人！」好些日子裡，這場角色調換的誤會讓她樂在其中：「我戲弄了B教授，原本應該是他要為我開大腿骨的刀，結果是P醫師開了我的腹膜炎。」

這一天，讓我們動容的，是任何一點讓人愉快的感受，她都認真注意。彷彿她在七十八歲這年，再度初次感受活著的奇蹟。看護調整她的枕頭時，一條金屬管子碰到了她的大腿：「好冰！好舒服！」她嗅聞古龍水的香氣、滑石粉的味道：「好香。」她要人將花束與盆花放在推車上：「小朵紅色的是從梅里尼亞克來的玫瑰，梅里尼亞克現在還有玫瑰。」她要我們拉起遮住窗戶的窗簾，並看著窗外閃著金光的樹葉說：「好美，如果是在我家的話，我就看不到這風景了！」她面露微笑。我和妹妹心中浮現同樣的念頭：我們重新尋回了小時候照亮我們童年的那道微笑，她年輕時的燦爛微笑。從那時到現在的這些年之間，那微笑消失去哪了？

「如果，她能像這樣享受幾天幸福的話，延長她的生命是值得的。」娃兒這樣說。然而，最後的代價會是什麼呢？

「這房間屬於死亡。」隔天，我這樣想。厚重的藍色窗簾遮住窗戶（遮陽板壞了，沒辦法降下來。但是在這之前，陽光並不會干擾媽媽），她躺在一片陰暗之中，雙眼緊閉。我握住她的手，她輕聲呢喃：「是西蒙——但我看不到你！」娃兒離開了，我打開一本警匪小說。有時媽媽嘆氣說：「我神智不太清醒。」她向P醫師抱怨：「我陷入了昏迷狀態。」「如果您真的處於昏迷狀態的話，那您是不會知道這一點的。」這個回答讓她安心。稍晚，她以沉思的神情對我說：「我動了一場大手術，我是個動過大手術的人。」我就這段話加油添醋一番，她放下心來。前一天晚上，她做了個夢，睜開雙眼時，她對我說：「房間裡有一些男人，穿著藍色衣服的壞人，他們想帶我走，逼我喝雞尾酒。你妹妹把他們趕走了……」我曾經對著勒布隆小姐手中的血漿唸出雞尾酒這個字，當時她頭上戴著藍色帽套，而那些男人們，是將媽媽送進開刀房的男護士們。「對，應該是這樣……」她拜託我打開窗戶：「新鮮空氣，很舒服。」鳥囀吱啁，她心醉神迷：「是鳥兒！」而在我離去之前，她說：「真奇怪，我感覺左邊臉頰有一道黃色的光。像是我臉上有一張黃色的紙。一道漂亮的光穿過黃色紙張，很舒服。」我問P醫師：「手術本身是成功的嗎？」「如果腸道功能恢復的話，手術就是成功的。再過兩三天，我們才會知道。」

我對P醫師很有好感，他不會擺出很有權威的樣子，他對媽媽說話時把她當人看待，也很樂意回答我的問題。反之，我和N醫師並不喜歡對方。N醫師很優雅，體格很好，很有活力。他沉迷於技術之中，他搶救媽媽時充滿幹勁，但對他而言，媽媽是一場充滿挑戰性的經驗的主題，而不是活生生的人。我們怕他。媽媽有個年邁的親戚雖然繼續維持生命，但已陷入昏迷狀態六個月之久。她曾對我們說：「我希望你們不要允許我的生命被這樣延長下去，那太恐怖了！」如果N醫師打算挑戰某種紀錄的話，他會是個危險的對手。

「他把媽媽叫醒，送出房間又送回來，沒有什麼結論。」星期日早上，娃兒痛心地對我說，「他為什麼要折磨媽媽？」我攔下路過的N醫師，他從不主動對我說話。我再度懇求：「請您不要折磨媽媽。」他以蒙受侮辱的聲音回答我：「我沒有折磨她，我只是做我該做的事。」

藍色窗簾拉開了，病房不像先前那樣昏暗。媽媽請人幫她買了一副墨鏡。我進房時，她摘下墨鏡：「啊！今天，我看得見你！」她狀況不錯。她以平靜的聲音問我：「告訴我，我有右半邊嗎？」「什麼？當然有啊。」「真奇怪，昨天他們說我氣色很好。但是我只有左邊氣色很好。我感覺另一邊完全是灰色的。我好像已經沒有右半邊了，我被拆成兩半。現在，我稍微重組回來一點了。」我摸摸她的右側臉頰：「你感覺得到我的手嗎？」「感覺得到，但就像在夢中一樣。」我摸著她的左頰。「這，是真的。」她對我說。摔傷的大腿骨、傷口、繃帶、鼻管、點滴，這一切都在她的左半身。是否因為如此，另一邊似乎不存在了？「你的氣色棒透了，醫生們為你感到高興。」我肯定地說。「不，N醫師不滿意：他要我排氣。」她對自己微笑：「當我離開這裡時，我要寄一盒夾心巧克力給他。」

充氣床墊按摩著她的皮膚，她的雙膝之間擺了一些小墊子，被單用一個框架撐高，不會摩擦到她，另外還有一個機關防止她的腳跟碰到保潔墊。儘管如此，她的身體還是開始長滿褥瘡。她的髖骨因關節病而動彈不得，右臂處於半殘狀態，左臂插著點滴，她無法做出哪怕是一點點小動作。「讓我坐起來。」她如此要求我。我自己一個人，不敢嘗試。我已不再因她的裸裎狀態而尷尬，眼前已不是我的母親，而是一具飽受摧殘的可憐軀體。然而，我雖未去想像，卻預感紗布下面藏著恐怖的嚇人祕密，我怕會弄痛她。這天早上，她又必須灌腸，勒布隆小姐需要我的幫忙。我將雙手伸至媽媽腋下當作施力點，抬起這具披著一層潮溼發青皮膚的骨架。當我們讓媽媽側躺時，她的臉皺成一團，兩眼翻白，她哭叫道：「我要掉下去了。」她回想起自己摔倒的那一幕。我站在床邊扶著她，讓她安心。

我們讓她重新平躺下來，好好地安頓在那些枕頭上。過了一段時間，她驚呼道：「我排氣了！」不久後，她要求道：「便盆，快！」勒布隆小姐和一名紅髮護士試著讓她坐上便盆，她尖叫出聲。我看著她受傷的肌膚以及金屬散發的冷酷閃光，覺得她們彷彿正在讓媽媽躺上刀鋒似的。勒布隆小姐和紅髮護士繼續堅持，拉扯她的身體，紅髮護士粗暴地對待她，媽媽尖叫，全身因痛苦而緊繃。「啊，放過她吧！」我說。我和護士們走出房間：「算了，就讓她在床單上解決吧！」「但是，」勒布隆小姐表示反對，「這恥辱太嚴重了！病人受不了這種屈辱。」「而且她會弄溼自己，這對她的褥瘡非常不好。」紅髮護士說。「您馬上就會幫她換乾淨。」我回到媽媽身邊，她以孩子氣的聲音訴苦：「這個紅髮護士，是壞人。」接著她又傷心地說：「但我還以為我是不怕痛的人！」「你是不怕痛的人。」我說。我告訴她：「你就這樣解決就好，不需要便盆。她們會換床單，事情很簡單。」「好。」她說。她皺起眉頭，臉上流露一股堅決，她宛如接受挑戰地說：「死人也是在床單裡解決的。」

我驚呆了。「這恥辱太嚴重了。」而媽媽，她一向以一顆敏感易怒的高傲自尊心過活，卻對此毫不感到羞恥。這名拘謹的唯靈論者以如此堅定的決心，勇於承認我們的動物性，這也是勇氣的一種形式。

護士們幫她換了床單、清潔身體、抹古龍水。現在是打針時間，這一針打下去會很痛，目的好像是為了對抗她難以排出的尿素。她看來是如此疲累不堪，勒布隆小姐顯得猶豫。「打吧，」媽媽說，「既然是為我好。」我們再度將她轉至側躺姿勢，我扶著她，見她臉上表情混合著不安、勇氣、希望、焦慮。「既然是為我好。」為了康復。為了死去。我真想向某個人請求原諒。

隔天，我才知道這天下午過得很愉快。一名年輕的男護士代替勒布隆小姐值班，娃兒對媽媽說：「你運氣真好，有個這麼年輕、人這麼好的看護。」「對，」媽媽說，「他很好看。」「而你很懂男人！」「噢！並不全然如此。」媽媽的聲音中帶著懷舊之情。

「什麼？你有遺憾嗎？」「唉！唉！我總對我的侄孫女們說：『孩子們，你們要好好把握人生。』」「我瞭解她們為什麼這麼喜歡你了。但你怎麼沒對你的女兒們這樣講？」這時媽媽突然嚴厲起來：「對我的女兒們？噢！不！」P醫師帶了一名八十多歲的病人來見媽媽，他隔天要為這位老太太開刀，老太太很害怕，媽媽斥責她，並拿自己的例子來當榜樣。

「他們利用我來做宣傳。」星期一，她以打趣的口吻對我說。她問我：「我的右半邊回來了嗎？我真的有右半身嗎？」「當然有。你看看自己。」妹妹說。媽媽盯著鏡子，眼神充滿懷疑，既嚴峻又帶點輕蔑：「這，是我？」「是啊。你看得很清楚，你全身都在。」「我的面色好灰暗。」「那是燈光的問題。你臉色很紅潤。」事實上，她的氣色很好。當她對勒布隆小姐微笑時，她告訴勒布隆小姐：「啊！這次我以整張嘴巴對您微笑。在這之前，我只有半邊微笑。」

到了下午，她不再微笑。她以既訝異又充滿責怪的語氣反覆說了好幾次：「當我看見鏡子裡的自己時，我覺得自己好醜！」前一天夜裡，點滴出了點問題，必須拔掉管子，再重新插進靜脈裡。夜間看護一試再試，輸液在媽媽的皮膚下面竄流，弄得媽媽很痛。她的左手臂腫脹發青，裹在層層繃帶中。現在，點滴插在她的右手臂上，她那疲累至極的靜脈勉強還能承受血清，但血漿則使她痛苦呻吟。入夜時，焦慮佔據她的心思，她害怕夜晚，怕再度發生意外，怕痛。她緊皺著臉哀求：「好好監督點滴！」而這天晚上，我看著她的手臂，灌注進入那手臂的是生命，而這生命如今只剩下不適與折磨，我再度自問：為什麼？

在診所裡，我沒有時間思索。我必須幫媽媽把痰吐出來，給她水喝，調整她的枕頭或髮辮，移動她的腿，為她的花澆水，開窗，關窗，讀報紙給她聽，回答她的問題，為她胸口那只以黑色緞帶垂掛的錶上發條。她在依賴我們的過程中找到樂趣，她不斷要求我們注意她。然而，當我回到家後，這些日子的悲哀與恐怖，全都落在我的肩上。我也被一種癌症啃噬——這癌，名為內疚。「別讓她開刀」。而我什麼都沒有阻止。我經常在人們長期臥床忍受劇烈痛苦時，對病人至親的無所作為感到憤慨：「是我的話，我會殺了他。」而我在第一場考驗就退卻了。我背棄了我自己的道義，敗給了社會道德。「並非如此，」沙特對我說，「你是敗給了專業技術——而這是不可避免的。」確實如此。我們被捲進齒輪之中，面對專家的診斷，面對他們的推論與決定，我們是如此無力。病人成了他們的所有物；那就從他們手中搶回來啊！星期三那天，只有兩個選項：開刀、或無痛死亡。媽媽的心臟狀況很穩定，她已經硬被搶救回來，她一定會在腸阻塞的情況之下撐很久，她會置身煉獄，因為醫生們一定會拒絕讓她無痛死亡。若要阻止，那天我就該在早上六點抵達診所。即使如此，我真的敢對N醫師說「讓她嚥氣吧」嗎？當我求他「別折磨媽媽」時，我暗示的是這個意思，而N醫師是一名堅信自己職責的男人，他以他的傲慢粗暴地打發了我。他們或許會對我說：「您可能會剝奪她還剩幾年的生命。」而我將會不得不屈服。這些論證並無法安撫我。未來使我感到恐怖。我十五歲那年，莫里斯舅舅死於胃癌。據說，好些天之內，他哀號著：「讓我死吧。把我的手槍給我。可憐可憐我吧。」P醫師會遵守他的承諾：「不會讓她受苦」嗎？在死亡與酷刑之間，開始了一場競賽。

我問自己，當摯愛的人徒勞地對你大喊「可憐可憐我吧」之後，該如何設法存活下來呢？

就算死亡搶先獲勝，這騙局是多麼可憎啊！媽媽以為我們站在她那一邊，但我們在她這個故事中，早已站到了她的對面。我是個無所不知的狡猾守護神，我早已知曉牌底答案，而媽媽依舊遠遠地在尋常人類的孤寂之中苦苦搏鬥。她為了康復而做出的頑強努力、她的耐心、她的勇氣，全都被矇騙了。她的痛苦並不會帶給她任何回報。她的臉龐再度浮現眼前：「既然是為我好。」我絕望地承受著自己犯的錯，而我並非始作俑者，但我永遠無法彌補。

媽媽度過了寧靜的一夜。看護見她如此擔憂，整夜都沒將手放開。護士們找到辦法，能讓媽媽能坐上便盆而不致受傷。她再度開始進食，再過不久便會撤掉點滴。「今天晚上就撤掉！」她哀求道。「今晚，或明天。」N醫師說。在這情況之下，看護會繼續照看她，但妹妹會去朋友家過夜。我請教P醫師的意見：沙特明天搭機去布拉格，我能陪沙特去嗎？「什麼都有可能發生，無論何時都有可能，但目前的情況也可能持續數個月。這樣的話，您不就永遠無法離開巴黎了。從布拉格回巴黎只需一個半小時，而且打電話很容易。」我告訴媽媽我的旅行計畫。「當然！你就去吧，我不需要你。」她對我說。我出去旅行這件事使她相信自己的確已經脫離險境：「他們可是從非常危險的情況把我給救了回來！七十八歲得到腹膜炎！幸好我在這裡住院！幸好他們沒有動我的大腿骨的刀。」她的左臂從繃帶中解放出來，稍微消腫了點。她專心地將手擱在臉上，確認她的鼻子、嘴唇：「我之前覺得我的眼睛跑到臉頰中間，而我的鼻子歪歪斜斜，掉到臉的下面，真奇怪……」

媽媽並不習慣觀察自己。而今，她的身體逼迫她非觀察不可。她負荷著這重量，不再翱翔於濃濃密雲之間，也不再說一些讓我震驚的話。當她提起布奇科醫院時，她抱怨的是被迫擠在多人共用的大病房中的病患們。她為護士說話，反對醫院高層剝削她們。儘管她病得很重，她依舊保持她一向的低調。她害怕自己給勒布隆小姐增加太多工作，她表示感激、表示歉意：「浪費這麼多血液，就為了我這個老太婆，而年輕人或許會需要這些血！」她責怪自己浪費我的時間：「你有別的事要做，卻在這裡浪費時間，我好懊惱！」她以帶點驕傲但亦有內疚之情的口吻說：「我可憐的女兒們！我讓你們擔心了！你們一定很害怕。」她對旁人的關心亦讓我們動容。星期四早上，她剛從術後昏迷中醒轉過來時，一名工作人員送早餐來給我妹妹，媽媽氣若游絲地說：「conf…conf…」「神父

（Confesseur）？」「不。果醬（Confiture）。」她記得妹妹早上要吃果醬。她很關心我的新書銷售得如何。由於勒布隆小姐被房東趕出住處，媽媽在妹妹建議之下，同意讓勒布隆小姐住進布洛梅特街的套房，而媽媽平常是無法忍受其他人在她不在時進去她家的。她的病擊碎了她那由偏見與自負建構而成的保護殼，或許因為她不再需要這些保護了。她再也不須自我犧牲、克己奉獻，她的首要職責是恢復健康，也就是關心自己。如今她放鬆下來，無須顧忌她的渴求與愉悅，她終於擺脫了心中的憤恨。她的美、她那重新復甦的微笑，表露的是她與自己之間的寧靜和諧，並在這張臨終的病榻上展現了某種幸福。

有件事引起了我們的注意：她並未要求星期二取消會面的告解神父過來見她，我們對此有些訝異。早在她還沒開刀之前，她就曾經對瑪瑟說：「小妮子，為我禱告，因為你知道的，人一生病就沒辦法禱告了。」或許她全神貫注於擊退病魔，因此無法強制自己將精力耗費在宗教儀式上。一日，N醫師對她說：「您若想快快復原，就必須親近上帝！」「噢！我和祂非常親近。但我還不想立刻去見祂。」在地上，永恆的生命意指死亡，而她拒絕死亡。想當然耳，她身邊那些虔誠教徒臆測我們阻撓她的意願，於是他們試著強行干涉。儘管門上寫著「謝絕訪客」，某天早上妹妹還是看見房門打開了，門外出現神父的長袍。妹妹立即拒絕讓他進房。「我是阿弗爾神父，我是抱持友好態度來這裡的。」「那又如何。您的服裝會嚇到媽媽。」星期一，又有人闖了進來。「媽媽誰都不見。」妹妹將德聖安杰太太帶到門廳這樣說。「好吧。但我必須和您討論一項非常嚴重的問題：我知道您母親的信仰……」「我也知道我母親的信仰。」妹妹冷冷說道，「媽媽的神智很清醒。若有天她想見神父，她就會見神父。」直到星期三早上，當我飛往布拉格時，媽媽都不曾傳達想見神父的意願。

中午，我打了電話。「所以你沒去布拉格！」娃兒這樣說，因為我在電話中的聲音太清晰了。媽媽狀況很好。星期四也一樣。星期五，媽媽和我講了電話，她很得意我從這麼遠的地方打電話過去給她。她讀了一點書，也玩了填字遊戲。星期六，我未能打電話過去。星期日晚上十一點半，我請飯店打去迪亞托家裡。當我在房間裡等候線路接通時，有人拿電報給我：「媽媽極累。能否回來？」法蘭馨告訴我，娃兒在診所過夜。不久之後，娃兒在電話另一端說：「今天太可怕了。」她說：「我不斷握著媽媽的手，她哀求我：『別讓我走。』她說：『我再也無法見到西蒙了。』現在他們給了她眠爾通[26]，她睡著了。」

我請飯店門房為我預約機位，班機明早十點半起飛。我們在布拉格有已經答應下來的行程，沙特建議我等一兩天再走，我辦不到。我並不特別堅持要在媽媽過世前再見她一面，但我無法忍受她再也見不到我。這最後一刻既然不會在媽媽心中留下記憶，為什麼我還要將這短短一刻看得如此重要？而這也無法彌補什麼。但我知道，就我自己而言，我深深認為，垂死之人的最後一刻，能夠留藏絕對。

星期一下午一點半，我進入一一四號病房。媽媽知道我要回

26 譯註：原文 Equanil 是產品名稱，無中文藥名。該藥物成分為 Meprobamate，使用該成分的中文藥名有「眠爾通」、「安寧」、「安樂神」等。

來，她以為這是我本來的計畫行程。她摘下墨鏡，向我微笑。在鎮靜劑的藥效之下，她悠然愜意。她的臉變了模樣，面色泛黃，一道浮腫的皺褶從她的右眼下方延伸至鼻子旁邊。然而，每張桌子上面又再度出現了許多花。勒布隆小姐已經離去，媽媽不再需要特別看護，因為她的點滴拿掉了。我啟程去布拉格的那個夜晚，勒布隆小姐著手為媽媽輸血，全程預計兩小時。相較於血漿，操勞過度的靜脈更加承受不了血液。媽媽尖叫了五分鐘之久。「停下來！」娃兒說。護士表示抗議：「N醫師會怎麼說？」「我負全責。」而N醫師的確非常生氣：「傷口會癒合得更慢。」但他明明知道傷口根本沒有癒合：傷口形成一個瘻管，小腸的內容物透過這個瘻管排出，腸子因此得以避免再度阻塞，因為「消化功能」已經停止了。媽媽還能撐多久？根據分析結果，這個腫瘤極度致命，它已開始轉移至全身各處。但以她的歲數來看，病情惡化的速度或許會相當緩慢。

她對我述說這兩天的事。星期六，她開始閱讀一本西默農[27]的書，她和娃兒比賽填字遊戲贏了：她的桌上堆滿了從報紙剪下來的填字格子。星期日，她午餐吃了馬鈴薯泥，卻無法消化（其實是開始轉移的癌症導致的折磨），而她在清醒的狀態之下，做了一場漫長的夢魘：「我在一條藍色床單裡面，下面是一個洞，你妹妹抓著床單，而我哀求她：『別讓我掉進洞裡……』『我抓住你，你不會掉下去的。』娃兒這樣說。」娃兒坐在扶手椅上度過一夜，而一向擔心娃兒睡不好的媽媽這次卻對娃兒說：「別睡，別讓我走。如果我睡著的話，你要叫醒我；不要讓我在睡眠中離開。」妹妹對我

27 譯註：喬治・西默農（Georges Simenon, 1903-1989），比利時偵探小說家。

說，某一刻媽媽精疲力竭地閉上雙眼，她的手卻抓著被單，並清晰說出：「活著！活著！」

為了不要讓媽媽承受這劇烈的折磨，醫生們開了眠爾通針劑與藥丸給她。媽媽渴切地央求這些藥物。一整天，她的心情都非常好。她又再度講起一些古怪的感受：「我面前有個圓圈弄得我很疲累。你妹妹看不到那個圓圈。我對她說：『把這個圓圈蓋起來。』但她沒看到圓圈。」她指的是固定在窗框中的一小片金屬板，我們將終於修好的遮陽板放下來一點，遮住了那個圓圈。香妲與凱薩琳來病房探望過她，她滿足地向我們宣告：「P醫師說我很聰明，我處理事情的方法很聰明：術後療養期間，我的大腿骨自行康復了。」那天晚上，我提議代替妹妹在診所過夜，前一夜她幾乎未曾闔眼。但媽媽習慣由妹妹陪她，而且媽媽認為妹妹比我更懂得照顧病人，因為她曾經治好李奧。

星期二的白天順利度過。夜裡，媽媽做了惡夢。「我被放進一個箱子裡，」她對妹妹說，「我在這裡，但我也在箱子裡。我是我，而那已經不是我了。有一些男人把箱子帶走了！」她苦苦掙扎：「別讓他們將我帶走！」娃兒將手放在媽媽前額，就這樣維持了很長一段時間：「我向你保證，他們不會把你放進箱子裡。」她要求增加眠爾通的劑量。媽媽終於從幻象中被解救出來，她問妹妹：「但這箱子、這些男人，代表什麼意思呢？」「這是你對手術的記憶：男護士們將你放在擔架上抬走。」媽媽睡著了，但是隔天早晨，她的眼眸中是弱小動物的全副傷悲。當護士整頓好她的床鋪，以尿管讓她小便時，她疼得哀號出聲，接著她以彷彿垂死的聲音問我：「你認為我能痊癒嗎？」我責罵了她。她靦腆地詢問N醫師：「您對我還滿意嗎？」他回答滿意，但他看來一點信心都沒有，儘管如此，她還是抓緊這個救生圈。她總能編造一些絕佳的理由來解釋自己這過度的疲倦。這些理由包括水份不足，還有難以消化的馬鈴薯泥。而這天，她責怪護士昨天只為她包紮三次，而非平常的四次：「N醫師很生氣，」晚上，她對我說，「他狠狠罵了她們一頓！」她很得意，反覆說了好幾次：「他很生氣！」她的臉龐失去了先前的美，抽搐的動作讓她顯得躁動，她的聲音中再度流露怨懟與請求。

「我好累。」她嘆息道。她答應在下午和瑪瑟的兄弟見面，他是個年輕的耶穌會會士。「你要我和他取消會面嗎？」「不。我和他見面的話，你妹妹會開心。他們會談論神學，而我會閉著眼睛，不需要說話。」她沒吃午餐。當娃兒推開房門時，媽媽睡著了，頭低低垂在胸前，娃兒見狀，以為一切都結束了。查爾・貢德涅只待了五分鐘。他聊起他父親每週邀媽媽共進午餐的事：「我很期待在不久後的某個週四，再度見到您蒞臨我們哈斯拜耶大道（boulevard Raspail）的家。」她看著他，神情既懷疑又悲痛：「你認為我還能再去嗎？」我從沒在她臉上見過這麼悲悽的神情。這一天，她已經猜到，她輸了。我們以為最後一刻已近在眼前，於是娃兒抵達時我並未離去。媽媽喃喃地說：「所以我惡化了，如果你們兩個都在的話。」「我們一直都陪著你。」「但不是兩個人一起。」我再度假裝生氣：「我留在這裡，是因為你心情不好。如果我留下來只會讓你擔心的話，那我走了。」「不，別這樣。」她羞慚地對我說。我的嚴厲毫不公正，我為此痛心。當真相壓得她喘不過氣，當她需要透過言詞來解放疑慮時，我們逼迫她沉默，我們強迫她閉口不提她的焦慮，要她壓抑她的疑問。她覺得自己犯了錯、覺得不被理解，這是她一生當中經常出現的感受。但我們沒有選擇，因為她目前最需要的，就是希望。香姐和凱薩琳被媽媽的面容嚇壞了，她們打電話去利摩日，建議她們母親回來一趟。

娃兒累得連站都站不穩。我決定了：「今天晚上，輪到我在這裡過夜。」媽媽看來很擔心：「你知道怎麼做嗎？如果我做惡夢，你會懂得將手放上我的額頭嗎？」「當然。」經過一番思考之後，她以銳利的眼神看著我說：「你，我很怕你。」

媽媽一向有點怕我，她認為我聰明絕頂，並斷然拒絕給予妹妹相同的器重。我和母親之間的戒慎是相互的，打從我還很年輕的時候，母親的過分靦腆便澆熄了我的熱情。我曾經是個毫無心防的孩子，但後來我見識成人如何活著，他們每個人都封閉在自己內心小小的牆裡面。有時牆上鑽出一個洞，但隨即又填補回來。「她把她的祕密告訴我了。」媽媽以事關重大的神情輕聲囁語。或是從牆外發現一道裂痕：「她愛裝神祕，她什麼都沒對我說，但她似乎……」在內心告白與說長道短之中，有某種鬼鬼祟祟使我心生厭惡，我決心要讓我自己的壁壘毫無破綻。我尤其細心謹慎不向媽媽透露一點線索，一方面是害怕造成她的不安，另一方面則是因為厭惡她的目光。很快地，她不敢再問我問題。關於我不再信神這件事，我們僅短暫爭論過一次，但這已使我們兩人都耗費許多精力。看她流淚我很難受，但我很快便瞭解，她是為了她自己的失敗而哭泣，她並不關心我心中發生了什麼事。而她寧願採取高壓手段，不顧我們之間的感情，這行為激怒了我。如果她能對我有一點信心、向我表達一點善意，而非要求所有人為我的靈魂禱告的話，我們之間還有可能存留一點和睦。如今我懂了，我瞭解是什麼妨礙她這樣做。她有太多報復要進行，太多傷口要治療，她無法站在別人的位置替別人想。在她的所做所為當中，她雖為別人犧牲自己，但她的情感無法使她跨出自身侷限。此外，她連自己的心都迴避解讀，又如何能夠試圖理解我？而若要創造一種使我們得以和睦相處的態度，她又毫無心理準備。出乎意料之事會使她恐慌，因為她被教導只在既定框架之中去思考、去行動、去感受。

我們之間的沉默，變得晦澀難解。直到《女賓》出版之前，她幾乎對我的生活一無所知。她曾經試圖說服自己：雖然我背棄信仰，至少在道德方面我是很「莊重」的。然而，輿論摧毀了她的幻想。但就在此時，我們之間的關係有所改變，她在經濟上仰賴我，現實方面的所有決策，她若不先問過我的意見就無法決定。我成為家庭支柱，可以說像個兒子一樣。此外，我是知名作家。這些情形在某方面為我這不合常規的人生提供了開脫的藉口，而她將我的不合常規簡化為最低限度的解釋：自由的伴侶關係，總之，和那些不在教堂舉行婚禮的婚姻相較之下，自由的伴侶關係還沒那麼褻瀆上帝。我寫的書的內容經常使她震驚，但她亦為它們的成功感到得意。不過，這份成功在她眼前授予我一份權威，導致她更加不自在。我儘管迴避和她討論，她還是認為我對她有所論斷。或許，正因為我不和她討論，所以她才這樣想。娃兒這個「小的」沒有我那麼備受敬重，她和媽媽的關係比較自在。媽媽在她身上留下的印記比較少，她沒遺傳到媽媽的生硬緊繃。當《一個乖女孩的回憶錄》出版時，是娃兒負責盡可能安撫媽媽。而我，我僅僅帶了一束花給她，簡短地表達歉意。她很驚訝、很感動。有天，她對我說：「父母不瞭解自己的孩子，但反之亦然……」我們聊了親子之間的誤解，但只討論了一般的普遍情形。之後，我們再也沒討論過這個問題。每當我敲門，聽見一聲細微的呻吟，聽見她的拖鞋摩擦地板的聲音，又是一聲嘆息，我對自己做出承諾：這次我會找到聊天話題、找到彼此和平相處的空間。五分鐘後，這一局又輸了——我們的共同興趣是如此之少！我翻閱她的書籍，我們讀的書毫不相關。我引她說話，我傾聽，做一些評論。但是，因為她是我母親，從她嘴裡說出的那些令人不快的話語，便比出自其他人口中的相同話語更使我不愉快。而當她以一貫的拙劣方式試圖表示親密：「我知道你覺得我不聰明，但無論如何，你的朝氣蓬勃是遺傳自我身上，這一點我很開心。」我和二十歲時一樣感到厭煩。單就她這句話的最後一點，我或許會滿心同意她的見解，但她這番話的開頭澆熄了我的熱情。我們便是如此互相使對方感到無力。當她凝視著我，對我說「你，我很怕你」時，她指的是這一切。

我穿上妹妹的睡衣，躺上媽媽病床旁的小床。我也抱持著恐懼的心情。入夜後，房間變得陰慘，媽媽讓人把遮陽板拉了下來，屋內照明僅剩一盞床頭燈。我猜想，幽暗使得神祕的死亡氣息更加濃重了。而事實上，這天晚上，以及接下來的三個夜晚，我睡得比在家裡還要安穩，不用忍受等電話的焦慮，以及腦海裡紊亂的幻想。我就在這裡，我什麼都不用去想。

媽媽沒做惡夢。第一個晚上，她經常醒來討水喝。第二個夜晚，她的尾椎骨很疼，庫諾小姐讓她朝向右邊側躺，於是變成她的手臂折騰著她。她被安置在一個橡膠環上，疼痛的尾椎骨得以緩解，但已經發青脆弱的臀部肌膚會有損傷的危險。星期五、星期六，她都睡得相當不錯。打從星期四白天起，由於眠爾通的緣故，她再度重拾信心。她的問句不再是「你認為我能痊癒嗎？」而是「你認為我能重新回到正常的生活嗎？」「啊！今天我看得到你！」她以喜悅的聲音對我說，「昨天，我看不見你！」隔天，從利摩日趕來的讓娜覺得媽媽的氣色比她原先害怕看見的模樣好多了。她和媽媽聊了將近一個小時。星期六早上，當讓娜和香妲再度過來探望媽媽時，媽媽以爽朗的聲音說：「怎麼！我的葬禮可不是明天！我會活到一百歲，到時候得找人來把我殺了。」P醫師很困惑：「我們不能對她做任何預測：她的生命力太強了！」我把最後這句話轉述給媽媽聽。「是的，我很有生命力！」她心滿意足地說。她有點訝異的是，她的腸道不運作了，而醫生們似乎不擔心這件事。「重要的是它曾經恢復運作，這證明了它並未完全停擺。醫生們很滿意。」「醫生們滿意的話就好，這才是最重要的。」

星期六晚上，就寢之前，我們聊了聊。「真奇怪，」她以做夢般的神情對我說：「當我想到勒布隆小姐時，我會看見她在我的公寓裡，她像個充氣假人，沒有手臂，像熨燙店裡會出現的那種。而P醫師則是放在我肚子上的黑色紙帶，所以當我看到活生生的P醫師本人時，我覺得好奇怪。」我對她說：「你看，你現在習慣我了，我不再讓你害怕了。」「你才沒有讓我害怕。」「你說過你很怕我。」「我這樣說嗎？人就是會說一些古怪的話。」

我也一樣，習慣了這樣的生活。我在晚上八點抵達；娃兒告訴我白天發生了哪些事；N醫師過來巡房。庫諾小姐來了，她為媽媽更換繃帶的時候，我會在門廳閱讀。堆滿繃帶、紗布、布類用品、醫用脫脂棉、醫用膠帶、鐵盒、盆子、剪刀等物品的推車每天會被推進房裡四次，而當它被推出去時，我總輕輕移開目光。庫諾小姐在一名看護友人協助之下為媽媽梳洗、將病床整理為過夜的配置。我躺上小床，她給媽媽打了幾針之後，會出去喝杯咖啡，這時我會藉著床頭燈的微光閱讀。她回來之後會坐在門邊，讓門朝著房間的玄關處微微開啟，好讓一點光線透進來，她會閱讀、編織。房內能聽見電子儀器讓床墊震動的微弱聲響。我陷入沉睡。清晨七點，鬧鐘。換繃帶時，我將臉轉向牆壁，慶幸自己因為感冒而鼻塞。娃兒深受這裡的氣味所苦，而我，我幾乎什麼都聞不到，除了我經常用來為媽媽抹在前額與雙頰的古龍水的味道。那氣味既甜膩又噁心，我再也不可能使用這個品牌了。

庫諾小姐離開房間，我更衣、用餐。我幫媽媽準備一種淺白色的藥物，她說味道很糟，但這藥能幫助她消化。接著我一匙一匙餵她喝茶，茶中溶了被我弄成碎片的餅乾。清潔人員過來打掃。我澆花、整理花朵。電話鈴聲經常響起，我趕緊將電話拿去門廳，雖然將門掩上，但我不確定媽媽是否真的聽不見對話，於是我總小心應答。當我對她說：「雷蒙太太問我你的大腿骨狀況如何。」時，她笑了。「她們應該什麼都搞不清楚！」也經常有護士打來，說媽媽的朋友和親戚們過來探問她的近況。通常，她沒有力氣見他們，但她很高興有人關心她。換繃帶時，我會離開病房。接著我協助她吃午餐：她無法咀嚼，只能吃蔬菜泥、粥、剁得極細的碎肉、果泥、奶醬等等。她逼迫自己吃完盤中物：「我得好好進食。」非正餐時間，她會小口小口地喝新鮮綜合果汁：「這是維他命，對我有好處。」下午兩點左右，娃兒會過來。「我很喜歡這樣的作息。」媽媽說。有一天，她語帶遺憾地說：「真可惜！難得你們兩個都聽我的吩咐，而我卻生病了！」

相較於出發前往布拉格之前的我，現在的我平靜多了。一場決定性的轉變，將我母親化作一具尚未斷氣的屍體。世界縮減成為她那間病房的容積。當我乘坐計程車穿越巴黎時，眼中看見的只是故事背景，來來往往的龍套角色。我真正的人生是在她身邊上演，目標只有一個：保護她。夜裡，任何一點小聲響都顯得巨大：庫諾小姐翻閱報紙的窸窣聲、電動馬達的嗡嗡聲。白天，我躡腳走路。來來去去的喧囂聲，在樓梯間作響、在我們頭上作響，簡直要震破我的耳膜。有件事讓我非常憤慨：上午十一點至中午之間，裝滿鐵製餐盤、水壺、飯盒的推車來來回回、相互撞擊，發出無比喧嘩的聲響。當一名冒失的工作人員要半睡半醒的媽媽決定隔天的菜色：「炒兔肉、還是烤雞？」時，我火冒三丈。還有，當中午送上來的不是先前講好的腦髓，而是讓人提不起食慾的碎肉時，我也很生氣。我和媽媽一樣，很喜歡庫諾小姐、羅紅小姐，還有馬當與帕宏這兩位年輕小妹妹；而貢特宏女士有點太多話，我同意媽媽的看法。「她對我講了她休假日的下午去買鞋子給她女兒的事，你要我有什麼反應？」

我們不再喜歡這間診所了。護士們總是面帶微笑，她們勤奮努力，卻被工作壓得喘不過氣，她們的待遇極差，醫院待她們很無情。庫諾小姐得自己帶咖啡過來，因為醫院只提供她熱開水。看護們沒有沖澡間，甚至沒有化妝室可以在值完大夜班後休息、補妝。庫諾小姐激動地對我們講述她和護士長之間的爭執。護士長責怪她穿了褐色皮鞋。「它是平底鞋。」「鞋子必須要是白色的。」庫諾小姐面露受夠了的神色。「您不要還沒開始幹活就擺出一副累壞了的樣子！」護士長這樣嚷著。直到第三天，媽媽還義憤填膺地反反覆覆說著這句話。她總是熱衷於激烈地擁護某人並反對另一方。有天晚上，庫諾小姐的朋友進來病房哭訴：她負責的病人決定不再對她說一句話。這些年輕女子在職場上日日相伴的悲劇場景，並未鍛鍊她們更加擅長面對這世界、對抗她們個人生命中的細瑣慘事。

「我們可以感覺得到，我們變得痴呆了。」娃兒說。而我，我無動於衷地忍受著這些對話的漫無意義、忍受宛如儀式般重複的玩笑：「你真高明，擺了B教授一道！」「你戴著墨鏡的樣子看起來真像葛莉泰．嘉寶！」但這些話在我嘴裡發臭腐爛。我感覺自己隨時都在上演鬧劇。當我和一名老朋友聊到她不久後將要搬家這件事時，我覺得自己嗓音中的高亢熱烈像是作假。當我肯定地對一名餐廳經理實話實說「非常美味」時，我覺得自己彷彿編造了一個善意的謊言。至於其他時刻，則是世界似乎在我眼中扮成另一個模樣。一間旅館在我眼中像一間診所，我把清潔人員看做護士，連餐廳的服務生也變得像護士一樣：她們讓我接受一種治療，療程內容是吃飯。我以嶄新的目光看著這些人，我著迷於藏在他們衣物下方的複雜管路。我自己有時會化作一組手動式幫浦，或一組由囊袋與軟管構成的系統。

娃兒的情緒很煩躁，我血壓飆高，腦袋充血。我們最艱難的考驗，是媽媽的垂危、她的起死回生，以及我們自身的矛盾。在這場痛苦與死亡的競賽之中，我們熱切希望首先抵達終點的是死亡。然而，當媽媽熟睡，當她的臉龐靜止不動時，我們焦慮地窺視她白色羊毛披肩上繫著錶的黑色緞帶微微起伏，恐懼她的最後一場痙攣，那恐懼扭絞著我們的胃。

星期日下午一兩點左右我離開醫院時，她狀況很好。星期一早上，她削瘦的臉嚇到了我。彷彿大批神祕的蜂群在她的肌膚與骨頭之間，如啃噬蜂巢一般吞噬她的細胞，她的憔悴一目了然。前一天的晚上十點，娃兒偷傳一張紙條至看護手中：我該打電話給我姐姐嗎？看護搖頭，因為媽媽的心臟功能還很正常。但是新的苦難正在醞釀。貢特宏女士要我看看媽媽的身子右側，水珠自毛細孔中滲出來，濡溼了床單。她已幾乎不再小便，水腫使她的肌肉腫脹起來。她看著自己的雙手，困惑地擺動粗胖的手指。「是久躺不動造成的。」我對她說。

眠爾通與嗎啡讓她平靜下來之後，她觀察到自己有多麼疲倦，但她耐心等候：「有一天，我以為自己已經康復了，而你妹妹說了一件對我很有用的事。她說，我會再度感到疲倦。所以，我知道這是正常的。」媽媽和德聖安杰太太見了一分鐘的面，對她說：「噢！我現在好得很！」一道微笑使她的下頷骨顯露出來，那已是一具頭骨令人毛骨悚然的咧嘴，但她的雙眼閃著一股略帶狂熱的純真。用餐之後，她陷入昏迷，我一按再按護士鈴。我期望的事即將成真，她就要平靜斷氣，而我卻慌亂不已。一顆藥丸，讓她恢復知覺。

那晚，我想像她死了，心情慌亂不已。「就局部而言，她的狀況還不錯。」早上，娃兒這樣告訴我，她這句話頓時壓垮了我。媽媽精神很好，她甚至讀了幾頁西默農。這天夜裡，她痛苦萬分：「我到處都疼！」看護為她注射嗎啡。白天，她睜開眼睛時，雙眼空洞無神，我心想：「這一次，真的結束了。」她再度睡去。我問N醫師：「一切都結束了？」「噢！不，」他以半帶同情、半帶驕傲的勝利口吻說，「我們把她搶救得太成功了！」那麼，便是痛苦會戰勝嗎？讓我死吧。把我的手槍給我。可憐可憐我吧。她說：「我到處都疼！」她焦慮地轉著腫脹的手指。她失去了信心：「這些醫生們開始惹我生氣了。他們總是說我好多了，但我卻覺得病情惡化了。」

我眷戀著這名垂死之人。當我們在幽暗之中交談時，我多年來的一項憾恨得到了安慰：我再度重拾了在我青春期時被迫中斷的對話。由於我和她之間的分歧點與共同之處，我們從未能夠重新建立這樣的對話。而自從往昔的溫柔得以滲透如今這些簡單的動作與話語之後，我以為已然消逝了的往日柔情，又再度復甦了。

我看著她。她在這裡，並未失神，她神智清明，她完全不知道自己身上發生了什麼事。不知道自己肌膚底下起了什麼變化，這很正常。但她連自己身體外觀的變化都未能察覺。她的肚子有傷口，那道瘻管，從中流出的穢物，她發青的皮膚，從她的毛細孔滲漏出來的液體。她的手幾乎動彈不得，她無法自行觸摸她的身體；而當護士們來照料她時，她的頭是向後仰的。她不再要求照鏡子。她那張垂死的臉，對她而言並不存在。她休息著、夢想著，在距離她那副正在腐壞的肉身無盡遙遠之處，她的耳朵裡填滿我們的喧囂謊言，她全心全意專注於一份狂熱的期望：康復。我多希望能讓她不必承受一些毫無用處的不適：「你不需要再吃這個藥了。」「我還是吃下去比較好。」接著她大口嚥下泛白的液體。當她進食困難時，我說：「你別勉強自己，這樣就好了，別吃了。」「你這樣覺得嗎？」她檢視盤子，猶豫著：「再讓我多吃一點。」最後我收走盤子：「你全都吃光了。」我對她說。她會在下午逼迫自己吞下一罐優格。她經常要求喝果汁。她會稍稍挪動手臂，抬起手，將雙手湊近合十，緩緩地以小心謹慎的姿勢摸索著握住我始終沒放開的玻璃杯。她以滴管吸吮有益健康的維他命——一張餓鬼的嘴巴，飢渴地吸吮生命。

在她水份盡失的臉上，她的眼睛變得斗大。她雙眼圓睜，視線固定不動，以巨大的努力將自己從虛無縹緲之境中抽離出來，讓自己重新浮回閃爍黯光的湖泊表面。她全神貫注於此。她以一種戲劇性的凝視盯著我看，彷彿目光是她剛剛才創造出來之物。「我看得到你！」每次，她都必須從闃黑那邊重新奪回她的凝視。她藉由視線緊緊抓住世界，就像她緊抓床單，好讓自己不致沉沒。「活著！活著！」

星期三晚上，計程車裡的我是多麼悲傷啊！我萬分熟悉這段路程，沿路經過華美的街區：蘭蔻、霍比格恩特（Houbigant）、愛馬仕、浪凡（Lanvin）。車子經常在皮爾卡登的店面前方等紅燈，我看見那些氈帽、開襟外套、絲巾、皮鞋、皮靴，可笑的優雅時尚。稍遠處有一些毛茸茸的漂亮居家袍，色彩非常柔和，我心想：「我要買一件給她，換掉那件紅色睡袍。」香水、皮草、內衣、珠寶，這高傲的奢華屬於一個與死亡無關的世界，但死亡蟄伏在這奢華表象的後方，藏在診所、醫院、密室的陰鬱祕密中。而我，我眼中已看不見其他真實。

星期四，一如其他日子，媽媽的臉孔使我心情沮喪。和前一天相較之下，她又削瘦了一點，又更痛苦一點。但她雙眼有神。她仔細端詳我。「我看著你，你的頭髮顏色好深。」「是啊，你很清楚。」「你和你妹妹都有一大道白色髮綹，那是為了讓我攀牢，不要掉下去。」她動動手指：「它們正在消腫，對吧？」她睡著了。睜開雙眼時，她對我說：「當我看見偌大的白色袖口時，我就知道我要醒過來了。當我睡著時，我是在襯裙裡睡著。」縈繞她心頭的是哪些回憶、哪些幻影呢？她總是朝著外在世界生活，看她突然迷失在自己的內心世界，我不禁動容。如今她再也不想遠離她的內心世界。這天，她一個朋友沃蒂耶小姐對她講了一樁關於清潔婦的事，講得太過熱烈，我很快就把她帶開，因為媽媽已閉上眼睛。當我回到病房時，媽媽對我說：「這種事情不該對病人說，病人對這沒興趣。」

這一夜，我留在她身邊。她對夢魘的恐懼，和對疼痛的恐懼一樣深。當N醫師過來時，她要求道：「幫我打針，只要需要就盡量打。」她模仿護士注射時的動作，「啊！啊！您會變成真正的癮君子！」N醫師說完，又以開玩笑的語氣說：「我可以以非常划算的價格提供嗎啡給您。」他的表情變得肅穆，以嚴厲的口吻朝我丟出一句：「有兩件事，自重的醫生絕對不會姑息：藥物濫用，以及墮胎。」

星期五安然無事地度過了。星期六，媽媽睡了一整天。「這樣很好，」娃兒對她說，「你有好好休息。」媽媽嘆了口氣：「今天，我沒有活到。」

對熱愛生命的人來說，死去，是一件艱辛的工作。當晚，醫生們對我們宣告：「她還可以再撐二至三個月。」於是我們必須為接下來的日子做規劃，讓媽媽習慣我們在她身邊缺席幾小時。妹妹的丈夫昨天抵達巴黎，她決定今晚留媽媽獨自在庫諾小姐的陪伴之下過夜。妹妹明天早上會過來；瑪瑟大約兩點半會到；我則是五點。

隔天五點，我推開房門。遮陽板放了下來，房內幾乎全然黑暗。瑪瑟握著媽媽的手，媽媽朝右側躺著癱在床上，看起來精疲力盡、可憐兮兮。她左側臀部的褥瘡疼得厲害，這樣的躺姿比較不痛，但很不舒服，導致她疲憊不堪。今早，她在恐慌不安之中等待娃兒和李奧過來看她，等到十一點他們才來。她很焦慮，因為護士們忘了把護士鈴的繩子固定在床單上，她的手搆不到護士鈴，完全沒有辦法呼叫。媽媽的朋友塔迪厄女士曾過來探望她，但媽媽還是對妹妹說：「你把我送到了野獸手裡！」（她痛恨星期日的值班護士。）接著她又恢復了足夠的精力來調侃李奧：「您希望擺脫岳母嗎？嗯哼！這一次您還無法得逞。」午餐過後，她獨處了一個小時，恐慌再度佔據了她。她以焦躁不安的聲音對我說：「不可以留我一個人，我現在還太虛弱。不可以把我送到野獸手裡！」「我們不會再拋下你一個人了。」

瑪瑟離開了，媽媽睡去又驚醒，她的右臂很痛。貢特宏女士幫她換了姿勢，但她還是繼續嚷疼。我打算再按一次護士鈴，「沒用的，還是貢特宏女士會過來。她不懂。」媽媽的疼痛絕非想像之物，她的疼痛是器官性的，是有確切原因的疼痛。然而，尚未超過某個臨界點時，帕宏小姐或馬當小姐的舉動就是能夠平息她的疼痛，而貢特宏女士雖然採取相同舉動，卻無法緩解媽媽的痛苦。但媽媽還是再度睡著了。六點半，她心情愉悅地喝了湯，吃了奶醬。而突然之間，她尖叫出聲，左側臀部如燒灼般疼痛。這一點都不令人吃驚。她那滿是傷口的身體浸泡在尿酸之中，尿酸滲出她的皮膚，護士們為她更換保潔墊時，會被灼傷手指。我一按再按護士鈴，驚慌失措，每一秒鐘都是如此漫長！我握著媽媽的手，摸著她的額頭，對她說話：「她們會幫你打一針，你就不會痛了。一分鐘。只要一分鐘。」她全身緊繃，幾乎就要大喊出聲，她痛苦呻吟：「好痛，好恐怖，我受不了了。我撐不住了。」她半是啜泣地說：「我太悲慘了。」那孩童般的聲音讓我心碎。她是如此孤單！我觸摸她、對她說話，卻完全無法分擔她的痛苦。她陷入恐慌，兩眼翻白，我心想：「她不行了。」而她喃喃地說：「我要昏過去了。」終於，貢特宏女士為她注射了一劑嗎啡。毫無成效。我再度按鈴。今早媽媽一個人在房裡，完全無法呼叫護士，若她的疼痛在那時發作……一想到這件事，我就驚駭不已。絕對不能拋下她一分鐘。這次，護士們給了媽媽眠爾通、更換了她的保潔墊、在她的傷口上塗了一層藥膏，那軟膏在她們手上散發金屬般的光澤。灼痛感消失了，這陣痛苦只持續了十五分鐘——永劫的十五分鐘。他哀號了好幾個小時。「太傻了，」媽媽說，「真的好傻！」是的，傻得讓人想哭。我再也搞不懂醫生說的話，再也弄不清妹妹或我自己的想法。這些徒勞無用的折磨，世界上無論什麼都無法為這樣的酷刑辯說。

星期一早上，我和娃兒通電話。最後一刻即將來到。水腫持續不退，腹部沒有癒合。醫生們告訴護士，如今能做的，只剩下用鎮靜劑來麻痺媽媽。

下午兩點，我在一一四號病房門前見到妹妹，她非常憤怒。今天她對馬當小姐說：「別讓媽媽像昨天那樣受苦。」「但是太太，如果我們只因為褥瘡就打這麼多針嗎啡的話，等最痛苦的時刻來臨那一天，嗎啡就沒有效了。」在妹妹逼問之下，護士向她解釋，像媽媽這樣的病例，通常會在腹部劇痛之中死去。可憐可憐我吧。讓我死吧。所以P醫師說的是謊言嗎？弄一把手槍殺掉媽媽，或是勒死她。浪漫而無用的空想。但我同樣無法想像自己聽著媽媽慘叫好幾個小時。「我們去找P醫師談談。」他過來了，我們逮住他：「您曾經保證過，她不會受苦。」「她不會受苦的。」他向我們指出，如果我們希望不計代價延長她的性命並讓她痛苦一週的話，就還得再動一次手術、再度輸血、注射刺激性的針劑。沒錯。連N醫師都在今早對娃兒說：「只要還有一線希望，該做的我們都做了。」而現在，若嘗試延緩她的死期，就太殘忍了。」但這番放棄宣言對我們而言還不夠，我們詢問P醫師：「嗎啡能抵擋最痛苦的時刻嗎？」「我們會給她足夠的劑量。」

他回答得非常肯定，我們相信他。我們稍微冷靜了一點。他打算進入媽媽的病房去幫她重新包紮時，我們對他說：「她睡了。」

「她甚至不會意識到我在房內。」他走出病房時，她或許依舊沉睡著，但我想起她昨天的恐慌，我對娃兒說：「她睡醒時，不能讓她發現身邊沒人。」妹妹推開房門。接著她轉過身來，臉色慘白，癱坐在長椅上哭泣：「我看到她的肚子了！」我去要了一顆眠爾通來給她服用。P醫師回來時，她對他說：「我看到她的肚子了！那太恐怖了！」「不，那很正常。」他略帶尷尬地回答。娃兒告訴我：「她還活著就腐爛了。」我沒多問。我們聊了點別的話題。然後我坐在媽媽床邊，若不是她身上那件披肩的燦白毛線上面的黑色緞帶依舊微微起伏，我大概會以為她已經死了。六點左右，她的眼瞼張了開來：「現在幾點了？我搞不懂，已經晚上了？」「你睡了一個下午。」「我睡了四十八小時！」「沒這麼久。」我向她提起前一天發生的事。她看著窗外，凝視遠方的幽暗與霓虹招牌。「我搞不懂。」她以一種被冒犯的神情再度說道。我和她聊起我為她接聽的來電，以及我和那些來探望她的訪客見面的事。「我不在乎。」她這樣回答我。她反覆思索一件使她詫異的事：「我聽到了醫生們的談話，他們說：『要麻痺她。』」就這麼一次，他們忘了警覺。我向她解釋：沒必要像昨天那樣忍受那麼多痛苦，在她的褥瘡癒合之前，他們會經常讓她進入睡眠狀態。「對，」她以責難的聲音說，「但我損失了一些日子。」

「今天，我沒有活到。」「我損失了一些日子。」對她而言，每一天都保有無可取代的價值。而她快死了。這件事她不知道，但我知道。以她之名，我不甘心。

她喝了一點湯，我們等候娃兒到來。「她睡在這裡太累了。」媽媽說。「不會的。」她嘆口氣：「我不在乎。」經過片刻思考，她說：「我擔心的，是我什麼都不在乎。」再度入睡之前，她以猜疑的神情問我：「但是他們可以就這樣麻痺別人嗎？」這是抗議嗎？我寧願相信她是希望我安撫她，告訴她：她的昏沉狀態是人工刻意造成的，並非因為病情惡化。

庫諾小姐進房時，媽媽睜開眼睛。她的雙眼在眼眶中轉動，她調節她的視線，盯著庫諾小姐，鋒利的眼神比一名孩童首度看見世界時的眼神還要尖銳：「您，您是誰？」「庫諾小姐。」「您為什麼在這種時候來這裡？」「現在是晚上。」我再度這樣告訴她。她雙眼圓睜質問庫諾小姐：「但是，為什麼？」「您很清楚：每個夜晚，我都坐在您身邊度過。」媽媽帶著一絲責備說：「喏！這真是個奇怪的主意！」我開始準備離去。「你要走了？」「你不希望我走嗎？」她再度回答我：「我不在乎。我什麼都不在乎。」

我並未立刻離去。輪值日班的護士說，媽媽可能撐不過今夜。她的脈搏從四十八升到一百。晚上十點，她的脈搏穩定下來。娃兒就寢，我回到家裡。如今，我很肯定P醫師沒有騙我們。媽媽的生命之火會在一兩天之內緩緩熄滅，她不會受太多苦。

睡醒時，她神智清楚。她一感到疼痛，他們就用藥物緩解。我在下午三點左右抵達，她沉睡著，香妲守在床邊。「可憐的香妲，」稍晚，她對我說，「她有那麼多事要忙，卻花時間在我身上。」「但她喜歡這樣，她是這麼地喜歡你。」媽媽沉思了一會，以驚訝而哀痛的神色對我說：「我不知道我是否喜歡任何人了。」

我想起她曾經引以為傲：「人們喜歡我，因為我很快活。」漸漸地，許多人對她而言變得令人厭煩。如今，她的心已完全麻木，疲倦已奪走她的一切。儘管如此，她宣告自己變得漠然的這段話卻深深打動了我，比她說過的所有最最充滿感情的字句都更能觸動我心。從前，她學到的規範使她真正的情感被陳腐的姿態掩蔽。這些情感消逝之後在她心中留下的寒冷，使我終於領悟她真實的情感曾經有多麼熾熱。

她睡著了。她的呼吸如此難以察覺，我不禁幻想：「若她的呼吸能夠就此停止，平穩安詳。」但黑色緞帶繼續起伏，轉變不會發生得這麼容易。我依照她的要求，在五點叫醒她，並要了一份優格給她吃。「你妹妹堅持我要吃優格，這對我很好。」她吃了兩三口，我想著某些場所的墳上會放置的食物。我讓她嗅聞一朵凱薩琳昨天帶來的玫瑰：「梅里尼亞克最後的玫瑰。」她只是心不在焉地瞥了玫瑰一眼。她再度陷入睡眠之中，又因臀部的灼痛而醒了過來。注射嗎啡——沒效。我像前天一樣握著她的手，鼓勵她：「一分鐘。針劑快發揮藥效了。再一分鐘就不痛了。」「這是中國酷刑。」她說，她的聲音不帶情感，音量微弱得連抗議都無法抗議。我再度按鈴，堅持要她們打第二針嗎啡。帕宏小妹整理了床鋪，稍微移動了媽媽的位置。媽媽再度睡去，她的雙手冰冷。工作人員咕噥抱怨，因為我把她們六點端來的晚餐送了回去。診所的例行公事不容改變，病危與死亡在這裡只是日常小事。七點半，媽媽對我說：「啊！現在，我感覺好極了。真的好極了。我已經好久沒有這麼舒服了。」讓娜的長女來了，她幫我餵媽媽吞下一點清湯與咖啡奶油霜。我們很難讓她吞嚥東西，因為媽媽在咳嗽。她開始呼吸困難了。娃兒和庫諾小姐建議我先行離開。今夜或許什麼都不會發生，我在場的話會讓媽媽擔憂。我擁抱媽媽告辭，媽媽露出那讓人害怕的微笑說：「我真高興你看見我狀況這麼好！」

我在午夜十二點半就寢，睡前吞了安眠藥。醒來時，電話在響。「只剩幾分鐘了。馬塞爾開車過去接你。」李奧的表兄弟馬塞爾以全速載我駛過空無一人的巴黎。我們在尚佩雷門（Champerret）站附近一間散發紅色光芒的小館子裡，站在吧臺前火速吞了杯咖啡。診所花園裡，娃兒來到我們面前，對我們說：「結束了。」我們上樓。這是如此預料之中的事，卻又如此難以想像，床上躺著的不是媽媽，而是一具遺體。她的手、她的額頭是如此冰冷。那仍然是她，但她永遠不在了。一道繃帶支撐著她的下頦骨，圍繞她失去生氣的臉。妹妹打算去布洛梅特街的公寓裡拿一些衣服。「何必呢？」「一般似乎都會這樣做。」「我們不會。」我無法想像我們在媽媽身上套上小禮服與皮鞋，彷彿她要去城裡吃晚餐似的。我也不認為她會希望如此。她經常宣告她對自己的遺體不感興趣。「幫她穿上一件她的長睡衣即可。」我如此交代庫諾小姐。「那她的婚戒呢？」娃兒從桌子抽屜中拿出婚戒問道。我們將那只戒指套上媽媽的手指。為什麼呢？或許因為這一環小小的黃金在這世上毫無容身之處。

娃兒氣力盡失。看了已經不是媽媽的媽媽最後一眼之後，我很快就將她帶離現場。我們和馬塞爾在多摩咖啡館的吧臺喝了一杯，娃兒道出一切。

晚上九點，N醫師走出病房，以盛怒的神色說：「又有一枚U型釘鬆脫了，我們為她付出這麼多努力，太讓人火大了！」他走了，妹妹萬分震驚。雖然媽媽的手很冰，但她還是抱怨太熱，她有點呼吸不過來。打了一針之後，她睡著了。娃兒脫衣、就寢，假裝閱讀一本警匪小說。到了午夜左右，媽媽激動起來。娃兒和看護靠近她的床邊，她睜開雙眼：「你們在這裡做什麼，為什麼你們看起來這麼焦慮？我好得很。」「因為你做了個惡夢。」庫諾小姐為她鋪好被單時，摸了摸她的腳，死亡的寒意已蔓延到了這裡。妹妹猶豫是否該打電話給我，但我若在這時出現，意識完全清醒的媽媽會陷入恐慌。她再度躺下。凌晨一點，媽媽又動了。她以淘氣的聲音輕聲呢喃爸爸常唱的一首歌的歌詞：「你走了，你離我們而去。」娃兒說：「不不，我不會離開你。」媽媽露出一抹狡黠的微笑。她的呼吸愈來愈困難。再次注射嗎啡之後，她以略微含糊的聲音喃喃地說：「必須……預留……衣櫃。」「必須預留衣櫃？」「不，」媽媽說，「預留死神。」[28]她用力強調「死」這個字。她再度開

28 譯註：「衣櫃」（l'armoire）與「死神」（la Mort）法語讀音相近。

口：「我不想死。」「但是你已經痊癒了！」接下來她有點胡言亂語：「我還想有時間介紹我的書……她必須把她的書送給她想給的人。」妹妹將衣服穿好，媽媽幾乎意識不清。突然她大喊：「我窒息了。」她的嘴巴大大張開，雙眼在肌肉流失的臉上大大圓睜，她在一陣痙攣之中昏迷過去。「快去打電話。」庫諾小姐說。娃兒撥了電話，我沒接聽。接線生持續試了半小時，我才終於醒來。這段期間娃兒回到媽媽身邊，媽媽已完全失了神。她的心臟還在跳動，她還有呼吸，但她只是坐著，雙眼無神，什麼也不注視。然後一切便結束了。「醫生說她會像蠟燭一樣漸漸熄滅，結果並非如此，一點都不是這樣。」妹妹哭著說。「但是太太，」庫諾小姐回答她，「我向您保證，這是一場極為安詳的死亡。」

終其一生，媽媽都害怕得到癌症。或許，當她在診所接受X光檢查時，她亦恐懼著癌症。手術之後，她絲毫沒想過這件事。某些日子裡，她害怕自己熬不過這場以她的年齡來說太過猛烈的打擊。但關於癌症的疑慮從未在她心頭浮現。醫生動刀幫她開了腹膜炎，很嚴重的腹膜炎，但這是可以治癒的。

我們更加訝異的一點，是她從未要求神父來探望她，即使在她哀嘆：「我再也看不到西蒙了！」那一天也一樣。她並未從抽屜中拿出彌撒經書、耶穌受難十字架、或是瑪瑟帶來給她的玫瑰經念珠。一天早上，讓娜向她建議：「佛蘭索瓦阿姨，今天是星期天，您不想領聖體嗎？」「噢！小妮子，我太累了，無法祈禱。天主仁慈！」塔迪厄太太以更加堅持的態度，當著娃兒的面問媽媽要不要見她的告解神父，而媽媽板起臉孔：「我太累了。」接著她閉上雙眼，結束了這場對話。另一名老朋友來探視媽媽之後，媽媽對讓娜說：「這個不靈光的露薏絲，她問的問題真奇怪：她問我診所裡有沒有佈道神父。你知道我才不在乎！」

德聖安杰太太苦苦糾纏我們：「她既然這麼不安，應該會希望得到宗教的安慰。」「她並不希望。」「她曾經要我和其他朋友向她承諾，說我們會協助她安然離世。」「目前她希望的，是大家協助她早日康復。」我們飽受指責，我們或許並未阻止媽媽接受臨終聖事，但我們亦未強制她去做這些事，我們應該警告她：「你得了癌症。你快死了。」我非常肯定，如果我們讓某些虔誠教徒和媽媽獨處的話，她們一定會這樣做。（若我是她們，我倒會害怕她們挑起媽媽的反叛之心，這罪孽可會讓她在煉獄中贖罪好幾個世紀。）媽媽期望的並不是這一類的會面。她希望床邊圍繞著微笑的年輕人。「像我這樣的老人，等我進了養老院，我有的是時間看。」她這樣告訴她的侄孫女們。她和讓娜、瑪瑟、還有兩三個朋友在一起時會很有安全感，她們都是恭順的人，但能夠理解我們的謊言，也贊成我們這樣做。媽媽不信任其他人。談到其中某些人時，她的語氣帶著懷恨，彷彿她以一種出乎意料的直覺猜到他們可能會擾亂她的安寧：「圈子裡的這些太太們，我不會再去見她們了。我不會回去那裡了。」

有些人會想：「她既然未能在苦痛與死亡面前堅持信仰，那麼她的信仰只是表面上的、口頭上的。」我不知道信仰代表什麼。但宗教是她人生的主軸，是她生命本身的實體。我們在她抽屜裡找到的書信，向我們證明了這一點。若禱告對她而言只是發出一些機械化的呼嚕聲，那麼數念珠絕對不會比填字遊戲更讓她疲累。她放棄禱告，反而使我相信：祈禱這項活動對她來說，需要集中精神，需要沉思，需要讓心靈進入某種狀態。她知道自己應該這樣告訴上帝：「請祢治癒我，但若祢的旨意是要我前往天國，那我將會接受死亡。」她並未接受。在這面對真相的時刻，她不願說出不誠心的話語。然而，她亦不允許自己造反。她保持緘默：「天主仁慈。」

「我真不懂。」沃蒂耶小姐驚愕地對我說，「您的媽媽是如此信仰天主、如此虔誠，而她卻這麼懼怕死亡！」她不知道有些聖徒死去時也會驚厥叫嚷嗎？此外，媽媽並不畏懼上帝或是惡魔，她只害怕離開人世。我的奶奶預感自己即將逝世時，她以欣喜的神情說：「我要吃下我的最後一顆溏心蛋，接著我便要去和古斯塔夫重逢了。」奶奶從未付出太多熱情去活，八十四歲的她悶悶不樂地過著平板的生活，她並不十分在意死亡。我父親表現出來的勇氣亦不相上下：「叫你母親不要請神父過來。我不想演鬧劇。」他這樣對我說，並告訴了我一些生活細節上的實用指示。遭遇破產、變得刻薄的他平靜地接受虛無降臨，和奶奶接受天國降臨時一樣心平氣和。而媽媽和我一樣熱愛生命，她在死亡面前流露的，是和我一樣的反叛之心。她纏綿病榻這段期間，我收到許多來信如此評論我的上一本書：「如果您未曾失去信仰，那麼死亡將不會如此使您驚懼。」虔誠的教徒們以滿懷敵意的憐憫這樣寫道。抱持善意的讀者們則勉勵我：「離開人世不算什麼，您的作品會留存下來。」而我在心中回答所有人：他們錯了。正如宗教無法幫助我母親，在死後名留青史的希望，亦對我無所助益。無論我們想像的是在天堂的不朽抑或人世間的不朽，我們若依戀生命，不朽便無法安撫我們接受死亡。

如果媽媽的家庭醫師在她的癌症出現最初癥兆時，便及時診斷出病因的話，又將會如何呢？或許病情會被放射線療法擊退，而媽媽還能多活兩三年。但她將會知道自己的病因，或至少猜測她為何生病，這樣的話，她將會在極度痛苦的折磨之中，度過人生的最後歲月。我們最惋惜的，是醫生的錯判誤導了我們，若我們知道實情的話，我們會把媽媽的快樂視為第一優先的考量。今年夏天阻礙讓娜和娃兒邀媽媽去度假的事情會顯得無關緊要，而我會更常和她見面，我會為她創造一些樂子。

而醫生們救活了她、動了手術，這一點是否該後悔呢？她「爭取到」三十天，而她不願損失任何一天。這些日子為她帶來歡樂，但也給了她焦慮與痛苦。我無法代她判斷這件事，因為她逃離了我以為她可能面對的酷刑。對我妹妹而言，若在她和媽媽重逢的當天就失去媽媽，那將會是一場重大打擊，她會很難重新振作。我呢？這四個星期留給我許多畫面、夢魘、悲傷，若媽媽在星期三早上辭世，我不會遭逢這些。但若真如此，我無法預料自己將會感受何等強烈的震驚，因為我的哀慟實際上以一種意料之外的方式爆發了。延緩她的死期對我們絕對是有好處的，這將我們從良心的苛責中拯救出來——或幾乎拯救出來。當摯愛的人逝去時，倖存便是一種罪過，我們因這罪過而傷痛萬分、無盡悔恨。摯愛的人之死，向我們揭露這人是多麼獨特、多麼獨一無二，這人變得如世界一般廣袤，世界因此人已然不在而傷心滅絕，而世界曾因此人存在而全然存在。我們似乎早該在我們的生命中留給這人更多位置，甚至應該是將所有空間都留給這人。我們自昏亂中回神，告訴自己：這人不過是茫茫人海中的一人。但我們對任何人都無法盡全力付出一切，即使設下一些令人懷疑的標準，也同樣無法全盤達到。因此，我們依舊被內疚之情責難。最後這幾年，對於媽媽，我們尤其罪孽深重：漠不關心、疏忽、拒絕。我們似乎覺得，我們用最後這些關注在她身上的日子，彌補了這些罪。我們陪在她身邊使她平靜，我們戰勝了恐懼與痛苦，這一切使我們得以贖罪。若沒有我們頑強的警覺心，她或許會受更多苦。

因為相對而言，她的死亡確實是安詳的。「不要把我送到野獸手裡。」我想到那些無法向任何人傳達這呼救的人們。感覺自己毫無防備，完全任憑態度漠然的醫生與操勞過度的護士們擺佈，這是多麼焦慮的事啊！陷入恐懼時，沒有人將手放在他們的額頭上；疼痛折磨時，沒有人立刻為他們緩解；空虛的靜默，沒有人絮絮叨叨說些謊言來填補。「她在二十四小時之內老了四十歲。」這句話亦在我心頭縈繞不去。為何時至今日，仍有一些極度駭人的臨終場面呢？而且，在多人共用的大病房中，最後一刻逼近時，垂危病患的病榻周圍會圈起一扇屏風，而這垂死之人見過這扇屏風圍住別的病床，見過那隔日便空了的病床。他心裡有數。我想像媽媽在那幾小時內，因無人能夠直視的黑色太陽而目盲，想像她瞳孔擴張的圓睜雙眼是多麼驚恐。她的死亡極為安詳，那是唯有幸運兒才能擁有的死法。

娃兒在我家過夜。早上十點，我們回到診所，這裡和旅館一樣，房間要在中午之前清空。又一次，我們爬上樓梯，推開兩扇門——床上空無一人。牆壁、窗戶、燈、家具，每件事物都在它們原先的位置上，而白色的床單上面什麼都沒有。事先預料，並不等於知曉。這打擊是如此猛烈，事先的預期並未減輕衝擊的程度。我們自櫃中拿出幾個行李箱，在箱中堆疊書籍、衣物、盥洗用具、紙張——六週的私人生活，因背叛而腐臭。我們沒帶走那件紅色睡袍。我們穿越花園。在綠意盎然之中，某個角落深處有一處太平間，裡面是媽媽纏著下頦骨繃帶的遺體。娃兒遭受了最殘酷的打擊，這是基於她自己的意願，亦是因為偶然。她太過悲傷，我不忍向她提議過去看一眼。我也不確定自己是否想過去。

我們將行李箱放在布洛梅特街公寓的門房那邊。我們瞥見一間葬儀社。「哪裡都一樣。」兩名身穿黑衣的先生詢問我們的意願，他們拿出各種款式的棺材照片給我們看：「這一款比較有美感。」娃兒在笑出聲的同時開始哭泣：「比較有美感！這個箱子！她不要我們將她放進箱子！」葬禮日期定在後天星期五。我們希望有花嗎？我們說好，卻不知道為什麼。不要十字架、不要花圈，但要一大束花。一切都很完美，他們會處理一切。下午，我們將行李箱搬上樓，放進公寓，勒布隆小姐將公寓轉變得比較乾淨、比較怡人，我們幾乎認不出這地方。這樣也好。我們將裝著羊毛編織披肩和幾件睡袍的袋子塞進衣櫥裡，將書籍放回書架上，丟掉古龍水、糖果、盥洗用具，將剩下的東西帶回我家。夜裡，我難以成眠。我並不後悔自己和媽媽見最後一面時，是在她說這句話的時刻：「我真高興你看見我狀況這麼好！」但我責怪自己過度倉促拋下她的遺體。她和妹妹都曾經說過：「屍體已經什麼都不是了。」但那曾是她的血肉、她的骨骼，在一段時間之內也還是她的臉孔。父親過世時，我待在他身邊，直到他對我而言成了一樣東西的時刻為止，我馴服了這道由存在化作虛無的過程。而媽媽，我幾乎在擁抱她告辭之後便立即離去，因此，我到現在還覺得，孤零零躺在冰冷太平間裡的，依然是她這個人。入殮儀式將於明天下午舉行，我要去嗎？

四點左右，我去診所付帳。有幾封寄給媽媽的信，還有一包法式水果軟糖。我上樓去向護士們道別。我在走廊上看見笑容滿面的馬當小妹和帕宏小妹，感覺如鯁在喉，連幾個字都幾乎說不出口。我經過一一四號房門前，「謝絕訪客」的告示已經拿掉了。我在花園中猶豫了一會兒——我沒有勇氣。而且，去了又有什麼用呢？我離開了。再度看見皮爾卡登的店面，以及那些美麗的睡袍。我告訴自己，我不會再坐在門廳，不會再拿起白色聽筒，不會再駛過這段路程了。如果媽媽是病癒出院的話，我會是以愉快的心情結束這些習慣，但如今我對這些習慣留下了懷念之情，因為我是在失去她的同時，停下了這一切。

我們想分發一些紀念品給她的親友。我們面對著她的草編提包，裡面裝著羊毛線團和一件沒織完的毛衣。面對著她的吸墨紙、她的剪刀、她的骰子，滿溢的情感將我們淹沒。物件的力量眾所皆知：生命在物件之中石化之後，顯得比生命中的任何時刻都更有存在感。這些物件如今躺在我的桌上，失去了主人，成為無用之物，等著化作廢棄物，或重新覓得另一個身份：「我的置物匣，這是佛蘭索瓦阿姨遺留給我的。」我們決定將她的錶送給瑪瑟。解開黑色緞帶時，娃兒開始哭泣：「太傻了，我明明沒有戀物癖，但我沒辦法丟掉這條緞帶。」「留著吧。」面對著非理性的事情時，沒必要假裝將死亡融入生命之中，沒必要表現得合乎理性。就讓每個人以他自己的方式，在紊亂的情感之中尋找出路。我能理解所有的遺願，也理解那些沒有遺願的人們。無論人們將骸骨緊緊擁在懷裡，抑或將摯愛之人的遺體拋棄於公共墓穴，我都能夠理解。若妹妹堅持將媽媽打扮得漂漂亮亮，或是如果她希望留下媽媽的婚戒，我都會接受，像接受我自己的反應一樣。關於葬禮，我們沒有什麼疑問。我們認為自己很清楚媽媽的意願，我們將會遵循她的意願。

而我們必須對抗一個和死亡相關的難題。我們家族在拉雪茲神父墓園有一塊永久墓地，是一百三十年前由我們曾祖父的姐妹密尼奧女士買下的。密尼奧女士葬在那兒，我們的祖父以及他的妻子、兄弟亦在該地長眠，還有我父親和他的兄弟加斯東。那兒已經沒有位子了。在這情況之下，最近過世的亡者將暫時葬於一處臨時墓地，直到先人們的骨骸集中放入同一座棺材之後，才會被埋入家族墓穴。問題是，由於墓園的土地價格不菲，墓園的管理處盡全力企圖取回永久墓地，他們要求墓地所有人每三十年更新一次所有權證明。期限已經過了。我們並未及時被通知我們可能會喪失這塊墓地，因此我們保留它，條件是密尼奧女士沒有任何可能對此表示異議的後代。在公證人得以證明這件事之前，媽媽的遺體將會先寄存在暫存處。

我們害怕明天的葬禮。我們服了鎮定劑，睡到早上七點，喝了茶、用過餐，再度服用鎮定劑。將近八點時，一臺黑色靈車停在空無一人的街上。天未亮時，這臺靈車已前往診所迎接工作人員從一道暗門中送出來的遺體。我們穿越冰涼的晨霧，坐進車裡。娃兒坐在司機和杜宏葬儀社的先生中間，我坐在後方，身邊是一個金屬大箱。「她在那裡嗎？」妹妹問道。「她在。」她短暫地哭了一下，「唯一讓我感到安慰的，」她對我說，「是我也會走過相同的路。若非如此，就太不公平了！」是的，我們正在見證我們自身葬禮的總彩排。不幸的是，這場所有人都會經歷的歷險，每個人都只能獨自體驗。媽媽臥病在床這段期間，我們不曾離開她的身邊，但她以為這段臨終歲月是她的康復期，於是她和我們徹徹底底分離了。

穿越巴黎時，我看著街道，看著街上的人們，刻意什麼都不去想。墓園門口有些汽車等著，那是我們家族的人。他們跟隨我們行駛至禮拜堂前，所有人都下了車。禮儀人員抬出棺材時，我將妹妹拉到阿姨身邊，阿姨因悲慟而紅了臉龐。我們加入送葬隊伍，禮拜堂中滿滿的都是人。靈壇上沒有花，葬儀社的人將花留在靈車裡了。這並不重要。

一名在祭袍下面穿著長褲的年輕神父舉行了彌撒，並簡短地致辭，話中帶著一種奇異的悲傷。「上帝如此遙遠，」他說，「即使是你們當中信仰最虔誠者，亦有些日子，上帝顯得如此遙遠，恍若缺席，甚至彷彿不在意我們。但是，祂將祂的兒子賜給我們。」室內放了兩張領聖體用的跪凳，幾乎所有人都領了聖體。神父又對我們說了一些話，當他說出「佛蘭索瓦・波娃」時，強烈的情感刺痛了我們姐妹兩人的心。這幾個字讓她復活了。這些字總計了她的人生，自孩提歲月至婚姻、至寡居、至入殮。佛蘭索瓦・波娃：她成為了一名人物，這名被抹消的女子，她的名字被呼喚的次數，是如此之少。

人們開始行進，幾名女子哭泣著。當禮儀人員將靈柩運出禮拜堂時，我們正在和賓客握手致意。這次娃兒看見了，她癱在我的肩上：「我曾經向她承諾，我們不會把她放進這個箱子裡！」我很慶幸妹妹無須回憶媽媽的另外一道懇求：「別讓我掉進那個洞裡！」杜宏葬儀社的先生告知來賓可以散場了。靈車獨自駛離，我甚至不知道它開去哪了。

我在從診所拿回來的一張吸墨水紙中，發現媽媽在窄窄的紙邊上面寫了兩行字，字跡和二十年前一樣直挺而有力：「我要一場非常簡單的葬禮。不要花、不要花圈，但要有很多禱詞。」喏！我們實現了媽媽的最後遺願，而且花被遺忘在車子裡，使一切更加忠於她的遺願。

為什麼媽媽的死對我造成的震撼如此強烈呢？自從我搬出家裡之後，她幾乎未能在我心中激起波濤。當她失去我父親時，她的哀痛是如此激烈、如此直率，我感動於她的哀傷，亦感動於她對我們的關切。「你要想想自己。」她這樣對我說，她以為我是為了不要加重她的痛苦而強忍淚水。一年後，她的母親病重，使她痛苦地想起她丈夫的最後時光。葬禮當天，她因憂鬱症發作而臥病在床。我在她身邊度過了這一夜，忘卻了我對她這張新婚床的反感。我生於這張床上，我父親死在這張床上。我看著她沉睡，五十五歲的她雙眼緊閉，表情寧靜，依舊很美。她情感的暴烈戰勝了她的意志，我讚賞這樣的她。通常，當我想到她時，我是無動於衷的。然而，她經常在我的夢中扮演重要角色。而我的父親極少現身於我的夢中，即使出現，也是無足輕重。媽媽在我的夢中和沙特的形象混淆，我們在一起非常快樂。接著夢境轉為夢魘：為什麼我又和她住在一起了？我是如何再度落入她的控制之下？可見我們從前的關係在我心中以它的雙面形象存續下來，那是一種愛恨交織的依存關係。當媽媽發生跌倒意外，當她生命垂危時，主導我們目前關係的常規被打破了，而這份依存關係以它的全副力道再次復活。在那些辭世的人們背後，光陰化為烏有。我的年紀愈是增長，我的過去就愈加凝聚濃縮。我十歲時那位「最最親愛的媽媽」與青春期壓迫我的那名充滿敵意的女性之間，兩者不再有所區別。而當我為年邁的母親哭泣時，我亦同時為自己十歲時的媽媽和青春期時的媽媽哭泣。因我們的失敗而悲傷，雖然我以為自己已對這場失敗死了心。我看著眼前兩張我們在同一個年代各自拍攝的照片，我十八歲，她將近四十歲。今日的我幾乎可以是相片中我母親的母親，也幾乎可以是這名眼神悲傷的少女的奶奶。我同情照片中這兩名女子，因為當年的我如此年輕無法理解，因為當年的她面對的未來已然封閉而她從來未曾理解。但我不知如何能給這兩個人建議。我沒有能力抹消媽媽的童年陰影，那陰影導致媽媽使我不快樂，並因此反過來害她自己痛苦。她毒害了我好幾年的人生，而我在未曾商量之下狠狠回敬了她。她為了我的靈魂而苦惱。在這世界，她對我的成功感到歡喜，但我在她周遭引發的公憤使她痛苦。聽見某個表兄弟宣告「西蒙是我們家族的恥辱」時，她並不好受。

媽媽在臥病期間發生的內心驟變，加劇了我的悔恨。我已說過她的性情既堅強又熾烈，而她因為諸多放棄而使自己走了樣，變得令人難以忍受。臥病在床時，她決定只為自己而活，但她卻始終保有對他人的關懷之心。自她的內在衝突之中，誕生了一份和諧。至於我父親，他則完全符合他在社會上所扮演的角色，他的階級和他本人都是透過同一張嘴發出一樣的聲音。他最後的遺言是：「你很早就懂得養活自己，你妹妹花了我好多錢。」這句話阻擋了我的淚水。我母親被宗教意識型態深深束縛，但她對生命抱持著一股原始的熱情，這股熱情是她勇氣的泉源，而當她體認到自己的身軀成為沉重束縛之後，是這股熱情引她趨近真實。她擺脫了刻板觀念，這些觀念多年來掩蔽了她個性當中真誠與討人喜歡的本質。我因此感受到了屬於柔情的熾熱，從前這份柔情往往因她的嫉妒而扭曲變樣，她是如此不懂得表達她的溫柔。在她留下的書信中，我找到一些極其動人的、關於她這份柔情的證據。她留存了兩封信，一封是一名耶穌會士寫的，另一封則出自一名友人之手，兩封信都向她保證，有朝一日我會再度信仰天主。她親筆抄錄了一段尚松[29]的話，內容大體上是說：「若我在二十歲那年遇見一名高尚的前輩對我講述尼采、紀德，與自由，那麼我便會與父親的家斷絕往來。」同一份文件還包括了一篇從報紙上剪下來的文章：〈尚—保羅．沙特拯救了一個靈魂〉，荷米．魯訶在報導中寫道：《巴里奧那》[30]在德國七D戰俘營演出之後，一名無神論的醫師皈依了天主教。這篇報

29　譯註：安德烈．尚松（André Chamson, 1900-1983），法國歷史學家、作家、評論家，曾被提名為諾貝爾文學獎候選人。

30　譯註：《巴里奧那，或雷鳴之子》（*Bariona, ou le Fils du tonnerre*）是沙特一九四〇年於德國七D戰俘營（Stalag XII D）演出之戲劇作品。沙特當時是德軍的階下囚。

導的內容並不是真的。我很清楚她希望從這些文字中得到什麼：她想對我的行為感到安心。但她若非極度關懷我能否得救的話，她不會需要這些安慰。「當然，我希望能夠去天國，但不是自己一個人，是要和兩個女兒一起。」她在寫給一名年輕修女的信中這樣表示。

愛、友情與同袍之情極少能夠戰勝死亡的孤寂。無論表象如何，就連我握著媽媽的手的時候，我其實都不站在她這一邊。我矇騙著她。由於她一直以來都被欺瞞，這起最後的哄騙在我眼中顯得格外可憎。我使自己淪為殘暴命運的幫凶。然而，在我身體的每個細胞之中，我都與她的抗拒、與她的反叛緊緊相依。這也是她的敗北對我造成如此打擊的原因之一。儘管她嚥氣時我並不在場，儘管我曾經三度陪伴臨終者走上生命的最後一程，但我卻是在她的病榻旁邊才看見所謂死亡之舞的死神，齜牙咧嘴，一臉狡獪。那是床邊故事中前來敲門的死神，手中拿著長柄鐮刀。來自他方的、不屬於這裡的、無情的死神。這死神擁有和媽媽相同的臉孔，面帶一道大大的無知微笑，下頷骨顯露出來。

「她終究已經是風燭殘年了。」老年人的悲哀，老年人的流亡。多數老年人並不認為他們已經到了這歲數。我也是如此，關於我母親，我甚至也說過這句俗諺。從前，我無法理解，有些人失去父母或祖父母時，逝者既已年過七十，他們如何還能真心為此哭泣？若我遇見一名五十歲的女子因喪母之痛而傷慟不已，我會認為她患了精神官能症。我們全是終將死去之人，而八十歲已經夠老了……

但並非如此。我們並非死於誕生之事實、死於我們經歷過的人生、死於年老。我們死於**某種原因**。雖然我知道母親因她的歲數而註定接近終局，但這並無法減輕「她患了腫瘤」這件事出人意料的駭人程度。癌症、栓塞、肺充血，這一切像空中突然停擺的飛機引擎一樣，來得既猛烈又超乎預期。我母親的樂觀精神激勵人心，在動彈不得的垂死之際，她肯定了每一時時刻刻的無盡價值。而她徒勞無功的奮戰，撕裂了平庸日常那道令人安心的簾幕。自然死亡並不存在——人類身上發生的事永遠非屬自然，因為人類的存在本身便使世界成為一個值得討論的問題。所有人都終將死去，但對每個人而言，他的死亡皆是一場意外，即使他明瞭並同意死亡將至，死亡仍然是一種不合理的暴力。

西蒙・德・波娃作品列表

由伽里瑪（Gallimard）出版社出版：

小說

《女賓》（*L'invitée*）（一九四三年）
《他人的血》（*Le sang des autres*）（一九四五年）
《人皆有一死》（*Tous les hommes sont mortels*）（一九四六年）
《名士風流》（*Les mandarins*）（一九五四年）

《美麗的畫面》（*Les belles images*）（一九六六年）

《當事物的靈魂先來》（*Quand prime le spirituel*）（一九七九年）

紀事

《一場極為安詳的死亡》（*Une mort très douce*）（一九六四年）

短篇小說集

《破碎的女人》（*La femme rompue*，一九六八年）

舞臺劇劇本

《沒用的傢伙》（*Les bouches inutiles*）（一九四五年）

文學與論述

《皮瑞斯與辛尼阿斯》（*Pyrrhus et Cinéas*）（一九四四年）

《模稜兩可的道德》（*Pour une morale de l'ambiguïté*）（一九四七年）

《皮瑞斯與辛尼阿斯、模稜兩可的道德》

《美國紀行》（*L'Amérique au jour le jour*）（一九四八年）

《第二性》（*Deuxième sexe*）（一九四九年）

《特權》（*Privilèges*）（一九五五年）（於思想文庫書系〔la collection «Idées»〕再版之書名為《我們有必要燒掉薩德？》〔*Faut-il brûler Sade?*〕）

《長征》（*La Longue Marche*）（一九五七年）

《一個乖女孩的回憶錄》（*Mémoires d'une jeune fille rangée*）（一九五八年）

《歲月的力量》（*La force de l'âge*）（一九六〇年）

《物質的力量》（*La force des choses*）（一九六三年）

《論老年》（*La vieillesse*）（一九七〇年）

《一切都說了，一切都做了》（*Tout compte fait*）（一九七二年）

《西蒙・波娃之作品》（*Les Ecrits de Simone de Beauvoir*，暫譯）（一九七九年，作者為 Claude Francis 與 Fernande Gontier，書中收錄波娃之未發表文章）

《再見沙特》（*La cérémonie des adieux*）（一九八一年）

《給沙特的信》（*Lettres à Sartre*）（一九九〇年）

《戰爭日記》（*Journal de guerre*）（一九九〇年）

《越洋情書》（*Lettres à Nelson Algren*）（一九九七年）

《西蒙・波娃與賈克—羅紅・鮑斯書信集》（*Correspondance croisée, Jacques-Laurent Bost, Simone de Beauvoir*）（二〇〇四年）

紀實

《賈米拉・布巴夏》（*Djamila Boupacha*）（一九六二年，與 Gisèle Halimi 合著）

電影劇本

《西蒙・波娃》（*Simone de Beauvoir*）（一九七九年，紀錄片，由 Josée Dayan・Malka Ribowska 與 Josée Dayan 共同創作）

由《法蘭西信使》（Mercure de France）出版：

訪談

《今日西蒙・波娃》（*Simone de Beauvoir Aujourd'hui*）（一九八三年，由 Alice Schwarzer 主筆之六篇訪談）

國家圖書館出版品預行編目資料

一場極爲安詳的死亡/ 西蒙・德・波娃（Simone de BEAUVOIR）著；
周桂音 譯. -- 初版. -- 臺北市：商周出版：家庭傳媒城邦分公司發行,
2021.03
面： 公分
譯自：Une mort très douce
ISBN 978-986-5482-03-9（平裝）
1.波娃(Beauvoir, Simone de, 1908-1986) 2.回憶錄
784.28 110002300

一場極爲安詳的死亡

原著書名／Une mort très douce
作者／西蒙・德・波娃（Simone de BEAUVOIR）
譯者／周桂音
企畫選書／梁燕樵
責任編輯／梁燕樵

版權／黃淑敏、吳亭儀、游晨瑋
行銷業務／周佑潔、周丹蘋、林詩富
總經理／彭之琬
事業群總經理／黃淑貞
發行人／何飛鵬
法律顧問／元禾法律事務所 王子文律師
出版／商周出版
115台北市南港區昆陽街16號4樓
電話：(02) 2500-7008 傳眞：(02) 2500-7579
E-mail：bwp.service@cite.com.tw
發行／英屬蓋曼群島商家庭傳媒股份有限公司城邦分公司
115台北市南港區昆陽街16號8樓
書虫客服服務專線：(02) 2500-7718・(02) 2500-7719
24小時傳眞服務：(02) 2500-1990・(02) 2500-1991
服務時間：週一至週五09:30-12:00・13:30-17:00
郵撥帳號：19863813 戶名：書虫股份有限公司
E-mail：service@readingclub.com.tw
歡迎光臨城邦讀書花園 網址：www.cite.com.tw
香港發行所／城邦（香港）出版集團有限公司
香港九龍土瓜灣土瓜灣道86號順聯工業大廈6樓A室
電話：(852) 2508-6231 傳眞：(852) 2578-9337
E-mail：hkcite@biznetvigator.com
馬新發行所／城邦(馬新)出版集團 Cité (M) Sdn. Bhd.
41, Jalan Radin Anum, Bandar Baru Sri Petaling,
57000 Kuala Lumpur, Malaysia
電話：(603) 9056-3833 傳眞：(603) 9057-6622
E-mail：services@cite.my

封面設計／許晉維
排版／新鑫電腦排版工作室
印刷／韋懋實業有限公司
經銷商／聯合發行股份有限公司
電話：(02) 2917-8022 傳眞：(02) 2911-0053
地址：新北市231新店區寶橋路235巷6弄6號2樓

■2021年3月初版1刷
■2024年9月初版7.1刷
定價 320元

Printed in Taiwan
城邦讀書花園
www.cite.com.tw

ISBN 978-986-5482-03-9

商周出版

廣　告　回　函
北區郵政管理登記證
台北廣字第000791號
郵資已付，免貼郵票

115 台北市南港區昆陽街 16 號 8 樓

英屬蓋曼群島商家庭傳媒股份有限公司　城邦分公司

請沿虛線對摺，謝謝！

商周出版

書號：BP6032	**書名：**一場極為安詳的死亡	**編碼：**

請於此處用膠水黏貼

商周出版

讀者回函卡

線上版讀者回函卡

感謝您購買我們出版的書籍！請費心填寫此回函卡，我們將不定期寄上城邦集團最新的出版訊息。

姓名：＿＿＿＿＿＿＿＿＿＿＿＿＿＿＿＿＿＿ 性別：☐男 ☐女

生日：西元＿＿＿＿＿＿年＿＿＿＿＿＿月＿＿＿＿＿＿日

地址：＿＿＿＿＿＿＿＿＿＿＿＿＿＿＿＿＿＿＿＿＿＿＿＿

聯絡電話：＿＿＿＿＿＿＿＿＿＿＿ 傳真：＿＿＿＿＿＿＿＿＿＿

E-mail ：

學歷：☐ 1. 小學 ☐ 2. 國中 ☐ 3. 高中 ☐ 4. 大學 ☐ 5. 研究所以上

職業：☐ 1. 學生 ☐ 2. 軍公教 ☐ 3. 服務 ☐ 4. 金融 ☐ 5. 製造 ☐ 6. 資訊

☐ 7. 傳播 ☐ 8. 自由業 ☐ 9. 農漁牧 ☐ 10. 家管 ☐ 11. 退休

☐ 12. 其他＿＿＿＿＿＿＿＿＿＿＿＿＿＿＿＿＿＿＿＿

您從何種方式得知本書消息？

☐ 1. 書店 ☐ 2. 網路 ☐ 3. 報紙 ☐ 4. 雜誌 ☐ 5. 廣播 ☐ 6. 電視

☐ 7. 親友推薦 ☐ 8. 其他＿＿＿＿＿＿＿＿＿＿＿＿＿＿

您通常以何種方式購書？

☐ 1. 書店 ☐ 2. 網路 ☐ 3. 傳真訂購 ☐ 4. 郵局劃撥 ☐ 5. 其他＿＿＿

您喜歡閱讀那些類別的書籍？

☐ 1. 財經商業 ☐ 2. 自然科學 ☐ 3. 歷史 ☐ 4. 法律 ☐ 5. 文學

☐ 6. 休閒旅遊 ☐ 7. 小說 ☐ 8. 人物傳記 ☐ 9. 生活、勵志 ☐ 10. 其他

對我們的建議：＿＿＿＿＿＿＿＿＿＿＿＿＿＿＿＿＿＿＿＿＿＿

＿＿＿＿＿＿＿＿＿＿＿＿＿＿＿＿＿＿＿＿＿＿＿＿＿＿＿＿

＿＿＿＿＿＿＿＿＿＿＿＿＿＿＿＿＿＿＿＿＿＿＿＿＿＿＿＿

【為提供訂購、行銷、客戶管理或其他合於營業登記項目或章程所定業務之目的，城邦出版人集團（即英屬蓋曼群島商家庭傳媒（股）公司城邦分公司、城邦文化事業（股）公司），於本集團之營運期間及地區內，將以電郵、傳真、電話、簡訊、郵寄或其他公告方式利用您提供之資料（資料類別：C001、C002、C003、C011 等）。利用對象除本集團外，亦可能包括相關服務的協力機構。如您有依個資法第三條或其他需服務之處，得致電本公司客服中心電話 02-25007718 請求協助。相關資料如為非必要項目，不提供亦不影響您的權益。】

1.C001 辨識個人者：如消費者之姓名、地址、電話、電子郵件等資訊。 2.C002 辨識財務者：如信用卡或轉帳帳戶資訊。

3.C003 政府資料中之辨識者：如身分證字號或護照號碼（外國人）。 4.C011 個人描述：如性別、國籍、出生年月日。

請於此處用膠水黏貼